JOSHUA LUVSYA

811 AUS 17

LEBEN
wie du & ich

novum pro

Bibliografische Information
der Deutschen Nationalbibliothek:

Die Deutsche Nationalbibliothek
verzeichnet diese Publikation in
der Deutschen Nationalbibliografie.
Detaillierte bibliografische Daten
sind im Internet über
http://www.d-nb.de abrufbar.

Alle Rechte der Verbreitung,
auch durch Film, Funk und Fernsehen,
fotomechanische Wiedergabe,
Tonträger, elektronische Datenträger
und auszugsweisen Nachdruck,
sind vorbehalten.

© 2020 novum Verlag

ISBN 978-3-99107-178-5
Lektorat: Dr. Annette Debold
Umschlagfotos: Thuy-Mi Nguyen,
Instagram: xenowa_art
Umschlaggestaltung, Layout & Satz:
novum Verlag

Gedruckt in der Europäischen Union
auf umweltfreundlichem, chlor- und
säurefrei gebleichtem Papier.

www.novumverlag.com

Vorwort

Wir befinden uns in einer Zeit, in der die bunte LGBTQ-Welt fast vollständig vom Rest der Welt akzeptiert wird. Doch wie sieht es in dieser Welt tatsächlich aus? Schwule und Lesben, Transgender und weitere Diverse kämpfen seit 1969 und länger für ihre Rechte, für mehr Akzeptanz, für Gleichgerechtigkeit.

Ich als schwuler Mann sage – fangt alle bei EUCH selbst an, bevor ihr etwas von anderen erwartet! Und ich werde in den eigenen Reihen gehasst.

811 aus 17 beschreibt das schwule Leben in der schwulen Welt aus Sicht der schwulen Außenseiter. Ich möchte mit diesem Buch jene Menschlichkeit nahelegen, die die LGBTQ-Welt sich wünscht, selbst aber oft vergisst. In meinem Buch werden Oberflächlichkeit und Stereotypen in Gefühle und Sonderbarkeiten umgewandelt. Was fühlt wohl ein gutaussehendes Model, wenn es einem übergewichtigen Menschen mit Pickeln und vielen – in der Gesellschaft über Jahrzehnte antrainierten – Makeln begegnet? Natürlich Abscheu. Wie schön ein Mensch ist – unabhängig von seinem Aussehen, seiner Herkunft oder seiner Religion – sieht so gut wie niemand, und noch weniger sehen dies in der LGBTQ-Welt zwischen den eigenen Reihen.

In 811 aus 17 geht es um eine kleine Gruppe Freunde, die sich im Leben finden und gemeinsam den Alltag erleben. Es ist ein Leben, das mit Humor, Drama und dem allgemeinen Wahnsinn in einer Weise beschrieben wird, wie es nur aus den Händen und Erfahrungen eines Betroffenen beschrieben werden kann. 811 aus 17 soll dort ankommen, wo die Welt schön und bezaubernd ist und wo man solche Menschen, wie unsere Protagonisten nicht sieht oder nicht wahrnimmt, wie sie wirklich sind.

Alle Charaktere, ihre Namen, Alter, Herkunft und Berufe sind fiktiv. Alle Protagonisten haben ein reales Rollenmodell, ihre Geschichten sind aber frei erfunden. Parallelen zu Personen, dessen Namen gleich sein könnten oder zu Geschichten, die manche Personen in ähnlicher Weise erlebt haben könnten, sind rein zufällig.

An dieser Stelle möchte ich mich zunächst für die Freigabe der realen Personen für meine Protagonisten bedanken, dafür, ihr Leben in eine fiktive Figur umzuwandeln und eine Geschichte entstehen lassen zu dürfen.

811 aus 17 widme ich meinen Eltern, deren Erziehung mir beigebracht hat, meine Wünsche und Träume zu verfolgen und dennoch den Boden unter den Füßen nicht zu verlieren. Ich bedanke mich auch bei meinen Arbeitskollegen und vor allem meinen engsten Freunden, die mich inspiriert und zur Vervollständigung dieses Projekts ermutigt haben.

Mein größter Dank gilt:
Ricky Wallenborn
Sebastian Matthes
Dylara Maria Blasius
Christoph Huppert
Martin Abegg
Nina Ernst
und vielen mehr.

Ich als schwuler Mann bin in meiner eigenen schwulen Welt ein schwuler Außenseiter. Ist das denn richtig?

Joshua Luvsya

Kapitelübersicht

Kapitel 1:
Walter, ein übergewichtiger Finanzberater mit irischen Wurzeln, verliebt sich in den leicht femininen verträumten Marvin und beginnt ein Leben mit ihm in Berlin. Nach einigen Jahren zieht es den Iren jedoch zurück in seine Heimat Rodgau, wo er sich schon auf seine damals zurückgelassenen Freunde freut. Allerdings stellt sich ihm die Frage, ob Marvin diesen Schritt mit ihm gehen wird.

Kapitel 2:
Ruben war ein übergewichtiger Teenager, hat sich zusammengerissen und sich und seine Seele hartem Training unterzogen. Der sensible blonde Hüne ist in seiner Beziehung mit einem Türken nicht glücklich und erwischt diesen zudem noch beim Fremdgehen. Ruben glaubt sich in seiner Seele zerrissen und sucht Zuflucht bei seinem besten Freund Hoang, der allerdings ganz andere Schwierigkeiten hat.

Kapitel 3:
Die Transgenderfrau Sophie muss harte Rückschläge einstecken, bevor sie sich in ihrem neuen Körper und Leben wiederfindet. Das Glück ist ihr hold und schenkt ihr einen bezaubernden Ehemann, aber dennoch bleibt es nicht immer rosig, und ihre geliebte Mutter erkrankt an Krebs. Im Krankenhaus trifft Sophie nach längerer Zeit einen längst verlorenen Freund wieder.

Kapitel 4:
Der kleine Hoang ist zu einem angesehenen Arzt herangereift. Allerdings hat er einen seltsamen Männergeschmack und findet nur

sehr schwer die Liebe. Nachdem er geglaubt hat, die wahre Liebe gefunden zu haben, muss er feststellen, dass das Leben es doch nicht so gut meint, und Herbert stirbt. Unter Schock muss Hoang nun alle Erledigungen bewältigen und erfährt ein dunkles Geheimnis.

Kapitel 5:
Walter kommt mit Marvin aus Berlin nach Rodgau und plant, Marvin einen Heiratsantrag zu machen. Hierzu benötigt er die Hilfe seiner Freunde, die ihn tatkräftig unterstützen. Das Schwierige hierbei ist allerdings, die Vorbereitungen des Antrages geheim zu halten. Was bei einer kleinen Gruppe Freunde nicht einfach ist. Bei dem Antrag passiert jedoch etwas Unerwartetes, und eine wichtige Bezugsperson ist verschollen.

Kapitel 6:
Nach der Trennung von Ahmet lernt Ruben Moe kennen, der ihn zuerst vergöttert und anhimmelt. Aber der Schein trügt. Der Araber hat auch andere Seiten an sich, die sich Ruben nie gedacht hatte, und bringt den Hünen in pikante Situationen. Als Ruben sich schwört, sich nicht wieder verlieben zu wollen und einfach nur Single zu bleiben, lernt er unverhofft Oliver kennen und verliebt sich Hals über Kopf in den Rocker.

Kapitel 7:
Die Hochzeit von Walter und Marvin steht an, und die Planung läuft perfekt. Marvin erinnert sich an sein Leben vor Walter und erkennt, wie gut es ihn jetzt doch getroffen hat. Jedoch verschwindet plötzlich einer, und man glaubt, die Hochzeit absagen zu müssen. Alles wendet sich wieder zum Guten, und es wird eine große Hochzeit gefeiert.

Kapitel 8:
Zurück in der Zeit und an den Anfang gesetzt, erlebt Hoang das Leben auf eine ganz andere Art und Weise, wie er es zuvor ge-

wohnt war. Er beobachtet seinen Umkreis und ist im Zwiespalt zwischen Glück und Unglück gefangen. Aber auch der schönste Sonnenschein bringt Schatten mit sich, und Hoang glaubt, unsichtbar geworden zu sein.

Kapitel 9:
Das Leben der Freunde nimmt seinen natürlichen Lauf. Ruben heiratet Oliver. Marvin und Walter beziehen ein gemeinsames Haus. Rahmit findet ein neues Hobby und einen Freund. Aber der Schein trügt, und es passiert etwas Unglaubliches, was alle aus der Bahn wirft. Nachdem Marvin wieder in Berlin ist, kommt Hoang und hilft ihm aus der unglücklichen Lage – zu einem sehr hohen Preis.

Kapitel 10:
Herr Rechtsanwalt Fahid Dogan lässt sich seine allererste Akte bringen und ruft sich seine Erinnerungen zu dieser Akte wieder ins Gedächtnis. Neben schönen und interessanten Erinnerungen denkt er auch an sein Leben als schwuler Junganwalt zurück und wie er sich in Martin verliebte.

Kapitel 11:
Die Akte ist noch immer nicht durchgelebt, und der bärige Fahid nimmt sich die Zeit, auch die letzten Winkel seines Gedächtnisses abzusuchen. Er stellt alle Erlebnisse zusammen und nimmt Kontakt zu jemand längst Vergessenem auf, um seine Akte endlich schließen zu können.

KAPITEL 1

I Love You for Who You Are

Anm.: **Fett** eingerückte Passagen sind die Gedanken **Walters**.
Kursiv eingerückte Passagen beschreiben die Gedanken der *Umgebung*.
Unterstrichen eingerückte Passagen sind die Gedanken Marvins.

10.02.2012
Fleisch, das alles ist Fleisch. Und ich fühle es. Es ist Fleisch. Alles Fleisch und ich fühle es. Nicht ihr, ihr dünnen mageren Hupfdohlen mit den perfekten Haaren und den schicken Klamotten. Ich bin fett – so ist es halt. Ich weiß, dass das nicht schön ist. Also hört auf, mich anzusehen, als ob ich euch gleich fressen würde. Hm, jetzt habe ich Hunger.

Walter Jenkins
„Heute ist es so weit! Ich treffe ihn jetzt das erste Mal!" Aufgeregt und erwartungsvoll packte Walter seine Arbeitstasche zusammen. Walter hatte ihn, Marvin, über Kommentare eines gemeinsamen Bekannten online auf Facebook kennengelernt. Die beiden hatten einen Beitrag kommentiert und waren so ins Gespräch gekommen. *„Dieser scheiß Euro-Job geht mir echt auf die Nerven!"*, dachte Walter, als die leitende Mitarbeiterin des Büros ihn zu sich winkte. Er hätte vor 5 Minuten Feierabend gehabt. Zum Glück war jetzt nichts, die Frau wollte nur ein schönes Wochenende wünschen. Einerseits genervt, andererseits erleichtert, warf sich Walter die Jacke über den breiten fleischigen Rücken und begab sich zum Ausgang des

Großraumbüros vorbei an mehreren kleineren Arbeitsplätzen von Kollegen, mit denen er nichts anfangen konnte. Dies beruhte auf Gegenseitigkeit.

> **Oh, seht euch mal diese kleine dünne Schwuchtel an. Erinnert mich ein wenig an Hoang, nur dünner und in die Länge gezogen. Wie kann man nur 1,90 m groß sein und bloß 50 kg wiegen? Gebt dem was zu essen! Oh, der hat mir zugewunken mit seinem hässlichen Grinsen. Ich weiß schon was er denkt: Endlich geht dieses fette Vieh, und ich kann dem Boss einen blasen.**

Innerlich lachend öffnete Walter die Bürotür und atmete die Berliner Luft tief ein. Es roch ein wenig käsig und er zog die Deodorantflasche aus seiner Tasche, um sich noch ein wenig frisch zu machen. Die Schweißperlen auf seiner Stirn wischte sich der rothaarige Mann mit der blassen Haut mit dem Handrücken ab, und er schüttelte sich etwas. Es war schon ein wenig frisch an diesem Nachmittag, aber die Sonne war draußen, und jeder winzige Sonnenstrahl ließ Walters Herz einen kleinen Satz machen. Er nahm sein Smartphone heraus und googelte sich den schnellsten Weg zum vereinbarten Treffpunkt.

> Er denkt bestimmt, ich bin so ein Freak, der ihn füttern möchte, bis er platzt und sich in die Hosen macht. Aber ich mag ihn wirklich. Er ist intelligent, witzig und boshaft. Vielleicht mag er ja Yoga? Welche Tasche trage ich denn zu dem Date? Oh nein, meine Fingernägel sehen aus. Ich muss zur Maniküre und meine Haare, meine drei Haare müssen auch noch gerichtet werden. Ach herrje, ich habe gar keine Zeit. Er muss mich wohl so kennenlernen, wie ich bin. Er mag mich bestimmt nicht.

Walter erinnerte sich, wie Marvin ihn gefragt hatte, ob sie sich zum Kaffee treffen sollten. Die Nachricht kam einerseits so plötzlich, andererseits war es schon sehr nach Walters Geschmack. Er dachte zurück, wie er Marvins Profil durchstöbert hatte und wie seine Begeisterung mit jedem Klick gewachsen war. Heute Morgen kam diese Frage – und was sollte er auch anderes antworten als „JA!"? Außerdem war es Walter leid, sich immer nur durch die Gegend zu vögeln und dann allein zu Hause zu sitzen und über den vergangenen Tag zu grübeln. Obwohl er nicht in das Beuteschema vieler Leute passte, hatte Walter in Berlin viel Spaß, viel Saft und viele Abenteuer. Aber irgendwann mal sollte Schluss sein. Denn schließlich war Walter schon fast 25 Jahre alt und hatte noch nichts Festes im Leben erreicht. Keinen richtigen Job, obwohl er Finanzwesen studiert hatte, und keinen Partner… einen Partner zu haben, das wäre das Größte für ihn gewesen.

Brumm, boom, bang, kaboom. Godzilla is in the house! Deo, ich brauche unbedingt etwas frisches Stinky unter die Arme. Warum sind die Arme so schwer? Hey, wer hat meine Arme angeklebt? Ach, das war ich selbst. Schweiß mit Fett macht UHU. Okay. Noch 200 m bis zum Alexanderplatz. Boah, wo kommen die Menschen her? Hey, der sieht gut aus, ob er einen hübschen Lolly für mich hat? Be my sugar Daddy! HAHAHA … nope, nein, der sieht nicht groß aus. Teenie weenie! Mann! Habe ich kranke Gedanken!

Walter war dann pünktlich am Alexanderplatz in Berlin. Er wartet. Von Marvin war nichts zu sehen, keine Message, kein Anruf, nichts. Es war bereits 16.00 Uhr – 30 Minuten nach vereinbarter Zeit – 16:10 Uhr, 16:15 Uhr … Hunderte Menschen gingen an Walter vorbei. Die einen schauten ihn abwertend an, die anderen musterten ihn wie ein Stück Vieh. Wiederum andere haben ihn nicht einmal registriert und sind einfach an ihm vorbeigegangen als wäre er einfach nur ein Baum im Weg. „*Gut, mal wieder einer von DIESEN Idioten … ich warte noch 15 Minuten, und wenn er um 16:30 Uhr nicht da ist, geh ich heim ...",* dachte sich Walter und tänzelte unauffällig von einem Fuß auf den anderen. Er rückte schnell seinen Schritt zurecht und schaute sehnsüchtig durch die Gegend, ob nicht doch irgendwer Interessantes erscheinen wollte.

Seht euch mal den da an! Er sieht etwas psychopathisch aus. Er schaut ständig aufs Handy. Wie kann so jemand Fettes wie er, mit weißer Haut und rotem Zottelkopf, ein Date haben? Das ist doch widerlich. Machen wir lieber einen großen Bogen um ihn herum. Er wird uns sonst noch auffressen.

Marvin Sonntag
„Heute ist es so weit! Ich treffe ihn jetzt das erste Mal!" Aufgeregt und erwartungsvoll stand Marvin in seiner Küche, noch nicht geduscht – die Frühstücksschale halb voll mit Müsli – in dem Facebook-Profil blätternd. Es war schon 14:00 Uhr, vom Chatten her wusste Marvin, dass Walter noch auf der Arbeit war – ein lausiger Euro-Job war es, glaubte er. *„Wieso sitzt man bei einem Euro-Job bis 15:00 Uhr im Büro?",* dachte Marvin und setzte sich auf die Couch zurück. Dann blätterte er in dem Modemagazin und betrachtete die hübschen Modelle mit ihren perfekten Gesichtern und wunderschönen Fingernägeln. Marvin schaute an sich herunter, die Brust und der Bauch verdeckten die Sicht auf seine Oberschenkel, und er sah nur seine Füße in den dreckigen Socken, die auf dem dreckigen Wohnzimmertisch ruhten. Dann blätterte er weiter in dem Magazin und blieb bei einem Artikel über einen Drogendealer hängen. Der Artikel war spannend, aber auch erschreckend schmerzlich. Es war ja nicht lange her. Dann legte er das Magazin zur Seite und schaute auf seine Uhr. „Scheiße! Ich bin zu spät!"

Er wird mich nicht mögen. Egal was ich mache, ich bin ihm bestimmt zu tuntig. Meine Güte, wie denke ich da über mich? Hm, die Seife riecht gut. Das Shampoo ist so toll. Das kühle Wasser auf meiner weichen Haut ist ein Traum. So schön, wenn man unter dem Wasserfall in den Tropen steht und dir überall nackte muskulöse Hengste Trauben zum Naschen reichen. In den eigenen Gedanken verloren sein ist wunderschön. Es ist das Beste. Diese feinen Trauben und diese schönen Männer. Scheiße, wach auf!

Schon fast wütend machte sich Walter auf zur nächsten Haltestelle. Er wusste, diese eine Bahn würde er eh nicht schaffen, die 135 kg waren einfach zu schwer zum Rennen. In der Ferne sah er diese eine Bahn schon, die er sowieso verpassen würde. Einige Passagiere stiegen aus und Walter hörte lautes Geschimpfe. *„Oh, da macht so eine kleine dünne Tante wieder eine Szene!"*, freute sich Walter, als er näherkam. Er liebte es, wenn Menschen Szenen machten. Besonders Menschen, die ihm und seinem Aussehen keine Beachtung schenkten und mit sich selbst beschäftigt waren, erfreuten Walter, wenn sie aus ihrer Haut fuhren und dabei lächerlich aussahen. Die dünne Frau wurde von einem Typ mit Kappe und Rucksack aus der Bahn geschoben und schimpfte laut und hysterisch. Der Typ rannte los und an Walter vorbei. *„Der roch aber fein!"*

Hey, warte mal. Das ist er doch! Schlaftablette auf Speed. Der Rucksack sieht süß aus. Und der Hintern. Oh ja, das ist er doch. Was?! Hat er mich nicht erkannt, oder wie? Ich bin doch so fett, mich kann man nicht übersehen. Hey, bleib stehen. Oh, das ganze Fleisch. Jetzt muss ich ihm noch hinterher und die 50 m zurückgehen. Das ist echt anstrengend. Kann mich jemand anschieben?

„Scheiße ... scheiße ... Aus dem Weg, du alte Hexe!", schimpfte Marvin und schob die dünne Frau aus der Bahn raus. Er war eindeutig zu spät. Marvin nahm seine 105 kg und sprintete, so schnell er konnte, zum Treffpunkt – ohne Rücksicht auf Verluste. Und er war zu spät. Der Treffpunkt war leer. Kein Walter zu sehen. Marvin zog sein Handy aus der Tasche, nahm seine Kappe ab und fächerte sich

ein wenig Luft zu. „Bestimmt wieder so ein Typ, der mich verarschen will!", dachte Marvin, als er merkte, dass er keine Nachricht bekommen hatte. Er setzte die Kappe zurück auf seinen braunen Zottelkopf, um die wuscheligen Haare wieder plattzudrücken. Seine auf die Nasenspitze heruntergerutschte Brille setzte er mit dem Mittelfinger elegant nach oben. Er wollte schon wieder gehen, als dann doch eine Nachricht kam: DREH DICH UM!

Bitte, bitte sei kein Arsch. Oh nein, keiner mehr da. Nein, warum bin ich immer so blöd? Bestimmt wieder so ein Typ, der mich verarschen will! Och Mann, ich setze mich gleich auf einen Hydranten zur Abregung. Oh, eine Nachricht.

Die beiden reden miteinander, als würde es uns nicht geben. Was soll der Scheiß? Wisst ihr denn nicht, wer wir sind? Wir sind die Schönen, die Reichen, die tollen Menschen, die die Welt erobert haben. Alle Welt sieht zu uns auf. Hallo?! Seht ihr uns denn nicht? Hier oben! Hier sind wir, die, die ihr niemals sein werdet! Hier! Wir umkreisen euch, ihr seid so fett, Ihr seid die Sonne und wir die kleinen Planeten. Hallo? Hört ihr uns? Ich glaube, die verlieben sich.

„Und es gibt Edamer.", sagte Marvin ohne große Begeisterung, als er davon erzählte, welche Käsesorten in seiner Familie gegessen würden. Mit begeisterungslosem Blick hörte Walter ihm zu. „*Sei still und schau mich nur an. Er hat so ein schönes Gesicht. Ich sterbe gleich. Sprich nicht weiter. Ich bin hungrig. Er hat ein echt schönes Gesicht.*" „… Gouda ist nicht so wirklich beliebt bei uns, aber ich mag das schon. Am besten überbacken. Hast du schon einmal diese …" Um Marvin am Weiterreden zu hindern, drückte Walter ihm einen dicken Kuss auf die Lippen. Lange. Mit Zunge. Die Zeit fror ein. Das war für Walter äußerst untypisch, und er war selbst von sich überrascht. Er hatte sich sonst nie wirklich getraut, impulsiv zu sein und zu tun, was er gerade wollte. Sonst war Walter eher pedant durchgeplant, alles bis ins Detail berechnet. Selbst seine Sextreffen waren durchgeplant und auf seine Ziele ausgerichtet gewesen. Alles musste so geschehen, wie Walter es geplant hatte. Außer jetzt. Jetzt war es anders.

Er schmeckt genauso gut, wie er riecht. Und sein Gesicht, ich könnte mich draufsetzen. Aber dann erstickt er. Er hat ein so schönes Gesicht. Ohne Makel. Ohne – warte mal, trägt er Make-up? Rouge? Oh Gott, wie schwul. Ich habe hier eine kleine Schwulette. Eine männliche Schlumpfine! Ich bin Gargamel.

<u>Oh Gott, er küsst mich. Er küsst so gut. Ich bin eine Prinzessin. Ich habe meinen Ritter in eiserner, halt, nein, er hat keine Rüstung. Das ist Fleisch.</u>

Die beiden saßen jetzt schon 4 Stunden lang in diesem Café. Sahen sich in die Augen. Lächelten sich zu und unterhielten sich – nicht nur über Käse – über alles, was im Leben so passiert. Walter machte sich gerne über sein eigenes Gewicht lustig. Er war sich aber auch bewusst, dass sein Übergewicht nicht gerade zu den Schönheiten der Welt gehörte. Doch das schien Marvin egal zu sein. Sie redeten und küssten sich. Es war, als würden zwei Herzen mit Käse übergossen ineinander schmelzen. Walter erzählte davon, wie seine Mutter ihn im April letzten Jahres vor die Tür gesetzt hatte und er mit seinem letzten Ersparten nach Berlin gereist war. Eigentlich wollte Walter nur die Stadt sehen und neue Leute kennenlernen. Dass das Neue-Leute-kennenlernen reines „Ficken" war, ließ er vorerst bei seinen Erzählungen aus. Dann erzählte er, wie wohl er sich doch in Berlin fühlte. So frei von Familie und niemand konnte ihm was sagen. Dennoch vermisste Walter seine besten Freunde vom Land, mit denen der Kontakt derzeit nur sehr schleppend zu halten war. Walter war übergewichtig, rothaarig mit irischer Abstammung und hatte Sommersprossen. Die grünbraunen Augen machten ihn zum typischen Ginger, in dreifacher Masse. Aber das schien Marvin umso mehr zu interessieren. Marvin hingegen fand sich selbst eher langweilig, ein einfacher Typ mit einfachem Lebensstil und einfachen Interessen und nicht sonderlich interessant. Er war Verkäufer in einem Möbelgeschäft und räumte jeden Tag die Regale in seiner Abteilung ein, Kleinkrams wie Tischlampen und Kabel und Glühbirnen. Es gab nichts Aufregenderes, als einen Möbelverkäufer, der Lampen verkaufte und alte Damen darin beriet, welche Lampe welches Licht in deren Schlafzimmer erzeugte. Marvin war nicht sonderlich von sich selbst überzeugt gewesen.

5 Jahre später im Februar 2017

„Das war der Moment, in dem ich meinen Seelenverwandten gefunden habe!", schrieb Walter auf das Blatt. Er hatte eine unglaublich schöne Handschrift. Fünf Jahre waren Walter und Marvin schon ein Paar. Es gab so viele Höhen, so wenige Tiefen, so viel Freude und auch ein wenig Schmerz. Er erinnerte sich, wie er einmal mit Marvin in einem großen Kleidergeschäft war, weil er neue Oberteile brauchte und alle Moden, die in der Übergrößenabteilung angeboten wurden, allesamt in hässlicher depressiver Farbe waren. Ein einfaches Hemd in Größe XXL zum Beispiel, das es in der normalen Herrenabteilung in mindestens zehn verschiedenen Farben gab, war in der Abteilung nur in Dunkellila oder Grauschwarz erhältlich. Um ein T-Shirt zu finden, welches Lebensfreude und Freiheit ausstrahlte, musste Walter stundenlang suchen, während Marvin, der um einiges schlanker als er war, keine Probleme und bereits nach einer halben Stunde alle seine Sachen gefunden hatte. Walter hatte manchmal kein Glück mit Kleidung. Und wenn er etwas fand, das er mochte, hatte Marvin es bereits, und es war Walter unangenehm, das gleiche Teil zu kaufen.

Walter musste laut und herzhaft lachen. „Warum lachst du?", fragte Marvin, der seinen hübschen Kopf ins Büro steckte und Walter unter der Brille hervor ansah. „Ich habe nur an die Jägermeistertour gedacht.", antwortete ihm Walter mit einem frechen Grinsen.

Marvin: „Oh, gruselig. Was schreibst du da?"
Walter: „Ich schreibe Hoang einen kleinen Brief."
Marvin: „Wir haben auch Telefone."
Walter: „Ich bin ein klassisches Beispiel für Klasse."

Walter erinnerte sich zurück an diesen Abend, an dem einige ehemalige Studienkollegen zu Besuch waren und sie eine kleine Party gaben und im Anschluss noch um die Häuser zogen. Die Kollegen und er selbst vertrugen, durch langes Training während des Studiums, reichlich Alkohol. Marvin hingegen, der in der Zeit eine Fastenzeit eingelegt hatte, vertrug eher weniger, wollte aber nicht hinterherhängen und kippte bei jeder Runde der Gruppe einen Jägermeister mit. Das Endergebnis war, dass Walter seinen Partner in dessen eigenem Abendessen neben dem Bett in der ersten gemeinsamen Wohnung wiederfand, weder ansprechbar noch zu jeglicher Bewegung fähig. „Weißt du noch, wie eklig das war, dass ich dein Abendessen aufwischen musste und du nur ‚Tut mir leid, tut mir leid' flüstern konntest?" Beide sahen sich tief in die Augen. Und lachten herzhaft. „Ich geh zum Yoga, soll ich dir was vom Markt mitbringen?", fragte Marvin, der sich aus der Umarmung löste. „Den Yogatrainer und eine Packung Feenstaub", scherzte Walter, der sich wieder an den Brief machte. „Hoang braucht unbedingt Feenstaub!" Lächelnd verließ Marvin das Büro. Walter schaute seinem Partner verliebt hinterher.

Ich werde diesen Mann zu meiner Frau nehmen. Oder so. Bloß nichts verraten.

In dem Moment, in dem Walter Marvin das erste Mal geküsst hatte – um den Käse zum Schweigen zu bringen – begann für ihn das große Leben. Walter hatte Energie. Er wuchs an sich und war verliebt. Marvin war Walters dritte Beziehung. Die vorangegangenen Partner hatten es nicht einmal zum ersten Jahrestag geschafft. Der erste hatte nach drei Monaten Walter einfach überall in den sozialen Medien blockiert und sich nie wieder gemeldet, der zweite hatte Walter einfach nach 8 Monaten vor die Tür gesetzt mit der Begründung, er habe jetzt was Besseres gefunden und brauche ihn nicht mehr. Nachdem sich dann Walter bei Ruben über die misslungenen Beziehungen ausgeheult hatte, hatte er angefangen, sein Herz in eine Schatulle zu stecken und einfach nur das Leben und alle Typen zu nutzen, die ihm über den Weg kamen. Und hin und wieder auch mal ein oder zwei wegzustecken. Aber nicht mit Marvin. Walter liebte Marvin.

Flashback zum 13.02.2012
Er ging am nächsten Montag zum Jobcenter und wollte endlich richtige Stellenausschreibungen haben. Schließlich hatte er Finanz- und Wirtschaftswesen in Frankfurt am Main studiert und – in einem Plüschrahmen – ein Diplom. Es konnte doch nicht so schwer sein, ein Schwergewicht in einer Bank einzustellen. Mit Ungeduld wartete Walter, der nur schwer in den Stuhl dieser dürren Jobcenterangestellten gepasst hatte, und schaute sie mit engen Augen an. *„Du dünnes Weib – tipp schneller!",* dachte er und musste fast lachen. Die kurdische dürre Frau blickte ihn herablassend an. Ihr Blick ging von seinem Gesicht über seine Brust runter bis zum Bauch und wieder rauf. „Ich habe hier eine offene Stelle bei einer Internetfirma, Herr Jenkins. Das war es aber auch. Mehr gibt es nicht. Ansonsten hätte ich nur noch leichte Tätigkeiten, die zu Ihnen passen könnten.", sagte die Dame gelangweilt und offensichtlich angewidert von Walters Fettleibigkeit. Ihre Augen wanderten stetig von seinem Bauch zu ihrem Monitor und zurück. „Drucken Sie mir das aus. *Und wenn Sie Ihren Ton ein wenig ändern würden. Ich bin fett, nicht blöd. Höchstwahrscheinlich ist mein Abschluss doppelt so viel wert wie Ihrer und dreimal so schwer wie Sie. Was bekommen Sie denn zu essen? Sie verhungern ja noch!"* Fast wäre Walter über das Ziel hinausgeschossen. Manchmal geschah es, dass Walter seine Gedanken nicht im Verborgenen halten konnte und er schrie einfach los. Zum Glück konnte er sich an diesem Tag beherrschen. Denn er hatte einen

hübschen – wenn auch nicht unbedingt seinem Typ gerechten – jungen Mann kennengelernt.

Ich hätte sie auffressen sollen. Dann hätte ich ihr Wissen und ihre Zugangsdaten zu den Stellenausschreibungen. Bestimmt haben die sogar ein System, wen sie vermitteln wollen und wen nicht. Schade, dass man heutzutage eingeladen werden muss, um einen Job zu bekommen. Jemandem die Tür einrennen macht heute keinen guten Eindruck mehr. Ich mache einen exzellenten Eindruck. Ich drücke exzellent ein!

Anfang März 2012
Er bewarb sich auf die drei Stellen, die ihm die Kurdin ausgedruckt hatte. Und bekam drei Absagen. „Du könntest dich ja bei uns bewerben", sagte Marvin beim vierten Date im Restaurant. „Wenn wir zusammenarbeiten würden, würden wir wohl die ganzen Betten im Möbelhaus testen.", erwiderte Walter frech und spielte auf das Thema an, über das sie noch nicht einmal gesprochen hatten – SEX. Marvin errötete. *„Oh Gott! Ich sterbe. Er ist so süß – oh, ich habe eine Erektion!"*, dachte Walter, als er die roten Wangen liebäugte. Aber es war Walter nicht mehr peinlich, ein Zelt unter seinem Bauch aufgebaut zu haben. Er war verliebt. Und diesen jungen Mann mit den kurzen braunen Haaren und den roten Wangen wollte er nicht mehr gehen lassen. Es war ein anderes Gefühl, es war teilweise beängstigend und teilweise wunderschön. Und diese Anziehung. Marvin war gar nicht Walters Beuteschema, aber diese Anziehung. Es ließ sich für Walter nicht in Worte fassen, was er empfand. Er empfand etwas ganz Fremdes. Etwas ganz was Warmes. Etwas ganz Neues.

Sei froh, dass ich mich so gut zügeln kann, du kleine geile Schnecke. Ich könnte mich über dich rollen und dir die Welt auf dem Pans servieren. Oh Mann, bist du so süß und sexy. Deine Augen und diese Wangen. Wie

**sehen deine Arschbacken aus? Ich will die knabbern.
Oh ja, du verstehst mich. Ich sehe es. Du verstehst mich.**

„*Hat er gerade auf Sex angespielt? Oh, ich bekomme eine Erektion!*", dachte sich Marvin und wurde rot. Er schaute Walter an, er lächelte und starrte ihn an. Keine andere Reaktion, nur ein breites Grinsen und ein ihn ausziehender Blick. „*Er ist eingefroren! Steif! Wie kann man nur so attraktiv sein?!*", versuchte Marvin seinen eigenen Blick abzuwenden, doch er blieb in dem frech eingefrorenen Gesicht hängen. „*Wenn meine Beine nicht so breit wären, würde ich die jetzt übereinanderschlagen.*" Es war merkwürdig, aber auch schön. Es war richtig. Er war verliebt. Zum Diner gab es eine klare Suppe und für Marvin einen frischen Salat mit Nüssen und Hühnerbruststreifen. Walter hatte nach der Suppe ein deftiges Steak mit Bratkartoffeln. Die beiden verliebten Männer aßen still und schweigend, sich aber in die Augen schauend, auf und berührten sich hierbei unter dem Tisch mit den Kniescheiben. Beide spürten die Funken fliegen und lächelten sich ständig verliebt an. Die Kellnerin, die den Tisch abräumte, verzog für einen kurzen Moment ihre chirurgisch gemachte Nase, als sie sah, wie sich die beiden mit den Fingerspitzen berührten und sich immer näherkamen.

Seht mal, da drüben die beiden Speckschwaden dort! Die fressen sich gleich auf! Nehmt euch ein Zimmer, oder besser, nehmt euch eine Küche! Das ist ja unbegreiflich, dass zwei Dicke sich ineinander verlieben können. Die sind doch nur zur eigenen Belustigung da. Meine Größe braucht mehr von diesen niederen Wesen, die mich vergöttern und mich hoch in den Himmel tragen.

Im April 2011 hatte ihn damals seine Mutter aus dem Haus geworfen, und er zog vom Land in die Hauptstadt. Damals war er schwer übergewichtig, unzufrieden, traurig und wütend. Er war arbeitslos, kannte kaum jemanden in Berlin. Nur einige wenige Fickfreunde, bei denen er ein paar Tage übernachten konnte – gegen das übliche „Mach den Mund auf!"-Prinzip. Es waren nicht wenige. Aber das klingt besser als „eine Armee". Walter hatte schon immer ein sehr schönes und junges Gesicht, Sommersprossen und strahlende Augen, dank seiner irischen Wurzeln. Das wussten die Typen gerne auszunutzen – und manchmal gefiel es Walter auch. Und genauso konnte es für ihn weitergehen, denn er war ein schwuler Mann in einer großen Stadt, die unglaublich viele Möglichkeiten bot, sich flachlegen zu lassen oder flachzulegen. Dennoch war es nicht einfach, etwas zu finden, denn meistens bekam er auf den Datingseiten Absagen und wurde des Öfteren grundlos blockiert, nur weil er nicht in das Beuteschema passt. Und wenn Walter Glück hatte, fand er sich auch mal in einer Gruppe ausgehungerter Männer wieder.

Oh ja, nehmt mich und füllt mich mit eurer Sahne! Macht aus mir ein Eclair extra-ordinaire, ihr geilen Hengste! Was? Nur drei Tropfen?! Wo ist mein schwer verdienter Saft?! Next! Oh Gott, ich weiß gar nicht mehr, wie oft ich jetzt in den letzten drei Stunden gekommen bin. Dieser Gangbang ist der Hammer. Single und als Brunnen dienen, das ist das Beste! Next!

Dann fand er im Dezember 2011 seine erste eigene „Absteige" und konnte über das Jobcenter einen lausigen Euro-Job beginnen als Bürobote, täglich von 12:00 – 15:00 Uhr, von Mittwoch bis Freitag, in einer lausigen Anwaltskanzlei. Der Job war ihm nicht gerecht, aber er machte ihn. Schließlich gab es auch in der Kanzlei Gelegenheiten, Druck abzulassen und auch mal einen netten Reißverschluss zu öffnen und sein Gesicht darin vergraben zu können. Und einige Klienten kamen dann öfter in die Kanzlei, nur um nach der Besprechung beim Anwalt für eine Viertelstunde auf der Toilette zu verschwinden.

In dieser Anwaltskanzlei gibt es nur einen Anwalt, der sexy ist. Nur einen! Und der ist mit einem Mann verheiratet und hat zwei Kinder. Was zur Hölle läuft da schief?

Und diese Tucke da, dieses dünne Ding, ich wette, er schleicht sich immer nach Feierabend zum Boss unter den Tisch! Ich wette!

Und dann verliebte er sich in Marvin. Marvin war drei Jahre jünger als Walter. Süß, ruhig und ein wenig verträumt. Marvin arbeitete in einem namhaften Möbelgeschäft als Verkäufer. „Marvin hat das Gesicht eines Engels!", schwärmte Walter damals, als er mit Hoang telefonierte. Auch Marvin war manchmal übergewichtig, jedoch schwankte dessen Gewicht immer im Rahmen 20 kg plus/minus. Walter hingegen blieb schöne stämmige 130 bis 140 kg. „Der lässt mich einfach fett zurück!", beschwerte sich Walter mal bei Hoang scherzhaft. Jedoch hatte Walter hierbei einen kleinen Anflug von Angst. Angst, Marvin zu verlieren. *„Was ist, wenn Marvin jetzt eine tolle Figur bekommt? Er verlässt mich bestimmt!"*, fürchtete Walter und teilte seine Gedanken direkt mit Hoang. Was sich bis heute nicht bewahrheitet hat. Dennoch machte Marvin in einigen Phasen deutlichere Fortschritte zu einer besseren Figur als Walter, was ihn schon manchmal sehr ärgerte. Aber er beruhigte sich auch schnell wieder, denn Marvin hatte auch andere Phasen, in denen er dann fast gleich mit Walter auf der Waage war.

März 2017

Vor einigen Monaten, im September 2016, nachdem er von einer Beerdigung aus Rodgau zurückkam, hatte Walter sodann das Bedürfnis verkündet, nicht mehr in Berlin leben zu wollen. Er hatte Heimweh. Zwar hatte er einen gut bezahlten Beruf gefunden. Aber dennoch vermisste er die Kühe, die frische Luft, das frisch gemähte Gras und seine Freunde aus dem ländlichen Dorfleben. *„Stopp, ich mag die Leute zu Hause doch gar nicht!"* Aber er hatte das Gefühl, nach Hause zu müssen.

Ich weiß noch ganz genau, wie die mich immer angesehen haben. Besonders zum Abitur hin, als meine Klasse

aufgelöst wurde und ich in diese kleine Streberklasse kam, wo diese Tussi mit der Tunte rumhing und behauptete, die Tunte wäre ihr Freund. Hoang war so schwul, der furzte rosa Plüschwolken. Na schön, es gibt schon einige Leute, die ich vermisse.

Marvin hatte Walters alten Freundeskreis bisher nur über Videochat kennenlernen können. Hierzu zählten ein durchtrainierter blonder Hüne, der mit seinen 1,92 m größer als alles war, was Walter kannte, ein sehr kleiner, unscheinbarer, manchmal besserwisserischer Asiate, der nur dann den Mund aufmachte, wenn er es unbedingt musste, und eine Transgenderfrau, die im Gegensatz zu den anderen zwei, die gleiche vorlaute Klappe hatte, wie er selbst. „Mein Freundeskreis erinnert an eine schwule Version von American Horror Story!", lachte Walter, als er Marvin von ihnen erzählte.

Ende März 2017

Aber Marvin hatte auf Walters Umzugswunsch noch gar nicht reagiert. *„Er wurde so still, machte den Abwasch und ist dann ins Bett.",* dachte Walter und fürchtete, er müsse nunmehr allein zurück aufs Land. „… Mit freundlichen Grüßen, Walter Jenkins", Unterschrift. Seine Kündigung hatte er fertig. Dies bedeutete noch 1 Woche arbeiten, dann die Kündigungsfrist einhalten und dann 2 Monate Vorbereitung. Er kratzte sich seinen zotteligen Rotschopf und sah einen Moment aus wie Pumuckl, in zehnfacher Masse. Der Weg war noch weit. *„Und ich habe scheiße Schiss davor!"*

Ich bin jetzt fast 6 Jahre lang in Berlin. Ich hatte einen beschissenen Berufsstart. Aber der Sex, ja, der Sex war geil. Und so oft. Ich kann es echt nicht glauben, dass es so viele Drecksschweine gibt, die mir mein Gesicht mit ihrem Lebenssaft tränken wollen. Aber ich möchte nicht allein zurück. Ich habe die Liebe meines Lebens gefunden, und das alles soll an Heimweh schei-

tern? Nein, das darf daran nicht scheitern. Ich bin fett, und meine Chancen, jemand neues kennenzulernen, der sich in mich verliebt, sind so gering. Eher furze ich Goldstaub und kann Pokémon damit tauschen.

Am nächsten Tag gab Walter seine Kündigung ab. „Akzeptiert! Aber die eine Woche brauchen Sie auch nicht mehr zu machen. Wir stellen Sie von der Erbringung der Arbeitsleistung frei, was sehr schade ist. Unsere Bank braucht mehr Leute wie Sie, Herr Jenkins. Wenn Sie zurückkommen möchten, rufen Sie mich jederzeit an. Wir wünschen Ihnen alles Gute, Herr Jenkins.", sagte die Chefin und gab ihm die Hand. Walter musste sogar eine Träne zurückhalten. Er mochte seinen Job sehr. Mit gemischten Gefühlen packte Walter seine Sachen aus seinem Büro. Er starrte noch eine Weile auf sein Namensschild: – Walter Jenkins – Finanzberater, Abteilung D4. „Jetzt fehlen mir nur noch Hornbrille und Pickel, und ich bin perfekt!", dachte Walter und legte das Schild in sein Körbchen. Aber er freute sich auch schon. Eine Zeit lang keine Hemden und Krawatten mehr. Eine Zeit lang keine alten Witwen mehr, die für eine gute Besteuerung unter seinen Tisch krabbeln würden. Deren verstorbene Ehemänner hätte er zwar ebenso wenig unter den Tisch gelassen, aber Frauen – alte Frauen … Nein, das war echt nichts, was Walter vermissen würde. Das Körbchen schüttelte Walter in seine Umhängetasche aus, da es nicht so viel Material war und nur aus dem Namensschild, einem unechten Kaktus und einem Bild bestand, auf dem er mit Marvin zu sehen war.

Ich bin jetzt erst einmal arbeitslos, was soll's? Dann trolle ich mich eben durch Rodgau und schlage mich durch die Türken, die mir ihre kleinen Schniedel ins Gesicht halten wollen. Oh, dahinten gibt es Zwiebelkuchen. Einer für mich und meinen großen fehlenden Erfolg und in der Hoffnung, dass Marvin mich dafür nicht verlässt. Ein Hoch auf – warte mal. Ich kann gar nicht springen.

Am Abend saß Walter dann auf seinem Platz auf der Couch in der gemeinsamen Wohnung, für die er bereits eine anteilige Kündigung ausgesprochen hatte. Der Vermieter war nett, charakteristisch sowie auch körperlich, und hat Walter aus dem Mietvertrag mit Ablauf Ende Mai 2017 entlassen. Dann stünde nur noch Marvin im Mietvertrag. Die Tasche mit seinem Büromaterial hatte Walter neben die Couch gestellt und Marvins Magazine vom Wohnzimmertisch geschoben. Er fühlte sich irgendwie schwer. Er war auch schwer und voll mit einem ganzen 30 cm großen Zwiebelkuchen.

Ich glaube, ich sterbe hier. Mein Magen tut weh. Ich vermisse Marvin. Er ist noch immer nicht zu Hause. Normalerweise ist er doch immer gegen 19:22 Uhr da. Hat die Bahn Verspätung? Ist er mit jemand anderem, der vielleicht noch fetter ist als ich, durchgebrannt? Es tut so weh, daran zu denken, dass er nicht mehr in meiner Nähe ist. Wie soll ich das denn überleben, wenn ich allein nach Rodgau gehe? Ich will nicht.

So langsam schlich sich die Angst ein, allein aufs Land zurückzugehen. Walter saß noch eine Weile auf seinem Platz. *„Es ist so warm, hoppla, ich habe gepupst."* Er wedelte die schlechte Luft vor seiner Nase davon, als dann Marvin im Wohnzimmer stand. 19:44 Uhr. Marvin hatte noch seine Uniform vom Möbelhaus an und verzog sein Gesicht. „War das Hühnerfrikassee?", fragte er, bevor er sich auf seinen Platz setzte, ohne Walter näher zu kommen. Walter kicherte und zeigte auf die leere Schale, in der zuvor der Zwiebelkuchen war. Dann kramte Marvin in seiner Tasche und zog einen zerknitterten Umschlag raus. „Ich habe hier was für dich."

<u>Ich kenne dich. Du hast jetzt Angst, dass ich zu dem, was du nach Rodgau gesagt hast, keine gute Antwort hätte. Aber ich will dich nicht enttäuschen. Und erst recht will ich dich nicht verlieren. Weißt du denn gar nicht, wie schön du bist?</u>

Marvin überreichte Walter einen Umschlag seines Arbeitgebers. „Was ist das? Ein Gutschein für meine Erstausstattung für meinen Umzug?" – „Nein. Mach auf." Walter war aufgeregt und versuchte, einen weiteren Furz zu unterdrücken. Der Zwiebelkuchen war doch etwas viel, dachte er und las: *„Sehr geehrter Herr Sonntag, wir freuen uns, Ihnen mitteilen zu können, dass in unserer Filiale in Hanau eine Stelle für Sie verfügbar ist. Ihre Versetzung tritt am 01.07.2017 in Kraft. Den vorhandenen Arbeitsvertrag haben wir an die Abteilung übermittelt. Vom 01.05.2017 bis zur Versetzung stellen wir Sie von der Erbringung der Arbeitsleistung frei. Mit besten Grüßen, Ihr Filialleiter Misha Kurt."* Walter sprang schreiend auf – und musste furzen.

Walter: „Du hast dich versetzen lassen?! Für mich?"
Marvin: „Natürlich! **Ich liebe dich für das, wer du bist**, und werde jeden Schritt mit dir gehen!"

KAPITEL 2
Thor

Können die Menschen vor dem Fernseher verstehen, wie sich die Menschen fühlen, die nach ihren Sinnbildern ein Idol darstellen, wenn deren Welt zusammenbricht? Versteht die Welt eigentlich, dass jeder Mensch gebrochen werden kann, ganz gleich wie stark er ist, ganz gleich wie beschützt er ist, ganz gleich wie schön er ist? Wir sitzen alle vor dem Bildschirm und starren diese schönen Menschen an, die unsterblich sind und wunderschön. Würden sich diese Menschen ungeschminkt und ganz alltäglich zeigen, würde niemand sie sehen wollen.

Ruben Wasserstein
„*Ich hasse dich ... ich hasse dich ... nein, ich liebe dich ... ICH HASSE DICH!*", trällert es in seinem Kopf, während er die Gewichte hebt. Schweißperlen lassen Tränen gut verstecken, dachte sich Ruben. Er hatte an diesem Abend wieder Stress mit Ahmet gehabt. Seit 3 Jahren waren die beiden ein Paar, mit mehr Tiefen als Höhen. „*Warum macht er sowas?*", dachte sich Ruben, als er wieder daran dachte, wie Ahmet ihn zum wiederholten Male betrogen hatte – und es wieder nicht zugeben konnte.

Fleshjack (Scherz)/Flashback 16.01.2016:
„Ich fahre jetzt ins Fitnessstudio, und dann geh ich mit einem Arbeitskollegen essen. Warte nicht auf mich!", sagte Ruben und schlug die Tür hinter sich zu. Immer wieder fand Ruben heraus, dass Ahmet Sex mit anderen Männern hatte. Jedoch hat Ruben das nie direkt erfahren, sondern mehr oder weniger durch Kleinigkeiten und über verschiedene Wege, sodass Ahmet sich trotzdem sicher fühlte

und seine Bettgeschichten mit anderen Männern fortsetzen konnte. Ruben war alles andere als hässlich. Er war groß, blond und muskulös – und er war zerbrechlich. Er war sensibel und empathisch. Und er liebte Ahmet. Letzte Woche noch hatten die beiden sich beim Juwelier ein Schloss mit ihren Namen gravieren lassen, und es an diese Brücke gehangen. Sie hatten sogar den Schlüssel gemeinsam in den Fluss geworfen. Das sollte das Paar zusammenschweißen. Aber das Gitter, an dem ca. 1.000 Schlösser hingen, brach am 09.01.2016 zusammen.

„*Das war ein Zeichen, Ruben! Eindeutig ein Zeichen!*" Er hob weitere Gewichte, und die Schweißperlen vermischten sich wieder mit den fließenden Tränen. Ein junger Mann blieb vor ihm stehen. „Das ist nur eine Allergie!", sagte Ruben zu dem Typ, der ihn fragte, ob alles in Ordnung sei, weil Rubens Augen so gerötet waren. Pollen im Winter sind schon gefährlich, insbesondere in geschlossenen Räumen. Der Typ schüttelte den Kopf und setzte sich auf die Trainingsstation gegenüber von Ruben, um ihn noch weiter beim Training zu beobachten. In der Regel bemerkte Ruben es nicht, wenn er beim Training beobachtet wurde. Und schon gar nicht bemerkte er es, wenn ein Beobachter sexuelle Andeutungen machte – wie z. B. sich in den Schritt greifen oder das Paket schütteln. Schließlich war Ruben vergeben. Und das machte den Unterschied zwischen ihm und den unendlich vielen anderen Schwulen aus, er war monogam.

Man glaubt es kaum, aber es gibt tatsächlich Menschen, die wie aus dem Fernsehen gekommen sind, die aber genauso verängstigt sind wie du und ich. Diese Menschen haben auch eine Seele. Sie sind nicht nur zum Anschauen da. Diese Menschen können weinen, lachen, brechen, schreien und verzweifeln. Hat man denn jemals schon so etwas Hässliches gesehen, wie das ein schöner Mensch auch nur ein Mensch sein kann?

Ruben war groß, muskulös, blond und äußerst attraktiv. Das war nicht immer so.

Flashback:
Vor 5 Jahren war Ruben übergewichtig – stolze 142 kg hat er gewogen. Im Mai 2009 verließ er Rodgau und zog nach Stuttgart, um dort in einem Hotel als Direktionsangestellter anzufangen. Innerhalb der ersten Jahre nahm er stark zu. *„Das war teuer!"*, sagte er immer den Leuten, die ihn ansahen, als würde er sie gleich auffressen wollen. Ruben war im Hotel schon beliebt – einerseits, weil er sein Herz auf der Zunge trug, andererseits wegen seiner Fröhlichkeit. Aber glücklich? Glücklich war Ruben damit nicht. Deshalb hat er sich ins Fitnessstudio gezwungen. Deshalb hat er angefangen zu trainieren. Als er im November 2011 dann die 110 kg unterschritten hatte, stand Ahmet da. Ahmet war einen Kopf kleiner als Ruben, athletisch gebaut und echt nett. Der Türke wechselte gerade das Studio, weil das ehemalige geschlossen wurde.

„Du kleiner Türke hast mich schon wieder betrogen … Ich hasse dich … nein … ich liebe dich … ICH HASSE DICH!", hämmerte es in Rubens Kopf, als er die Gewichte erhöhte und der Schmerz in seiner Brust vom Schmerz in seinem Arm überdeckt wurde. Ruben schaffte es mit Schmerz und Ausdauer von ehemals 142 kg runter auf 95 kg. Stolz konnte er jedes Mal nach dem Training in den Spiegel sehen. Dennoch fehlte noch was. Er war damit nicht glücklich. Ruben war groß, muskulös, blond und äußerst attraktiv – sagten sie alle. Aber dass er Gefühle und ein gebrochenes Herz hatte, sah niemand.

Ruben war jetzt schon 7 Jahre lang in Stuttgart. 2 Stunden von der ursprünglichen Heimat entfernt und somit 2 Stunden von Hoang. Er hatte damals den Kontakt verloren, als er nach Stuttgart zog. Aber Hoang konnte nicht vergessen werden. So viel Lustiges hatten die beiden erlebt. Damals war Ruben noch fett und hatte Pickel. Wenn

Ruben nicht an Ahmet und seine Untreue dachte, dachte er gerne zurück an die Partynächte mit Hoang, Walter und David. *"Wir waren eine so lustige Truppe!"*, lächelte er und nahm ein Selfie auf. Dann ging er unter die Dusche.

Hoang:
Freunde sind das Wichtigste im Leben. Man kann sich irren und Fehler machen, aber wahre Freunde sind dennoch da – auch wenn man sie nicht sieht und auch wenn sie mal ganz weit weg sind. Es existiert diese tiefe – nicht sexuelle – Verbundenheit. Was auch immer geschieht, man kann auf sich zählen. Ohne diese Menschen ist das Leben zu bewältigen nicht möglich und die meisten Menschen könnten auf dem Weg des Lebens zerbrechen. Ohne euch wäre ich längst zerbrochen.

In einer Stunde müsste Ahmet eingeschlafen sein, dachte sich Ruben, der noch immer auf die U-Bahn wartete, die nach Hause führte. Das Essen mit dem Arbeitskollegen hatte er spontan wieder abgesagt und allein 1,5 Hähnchen vom Grill gegessen. Er fuhr nicht gern U Bahn, jedoch manchmal, wenn es wie heute ein kalter Winterabend war, nahm er sie. Dies tat Ruben auch, wenn er nicht in der Lage war, dem einen-Kopf-kleineren Mann entgegenzutreten, denn die U-Bahn fuhr ein wenig weiter, als wenn er fußläufig vom Studio nach Hause gegangen wäre. Es begann zu schneien. Er stieg an der Station aus und genoss die Schneeflocken. Ruben mochte es, wenn es schneite, es hatte etwas Bezauberndes. Es war romantisch und zärtlich – und dennoch konnte es töten, kalt und gefährlich. Ruben mochte Schnee, aber Schnee versteckte keine Tränen. Er bemerkte gar nicht, dass er weinte. Er wusste plötzlich auch gar nicht wo er war. Es war dunkel, Ruben kannte diese Gegend nicht. Normalerweise stieg man im Untergrund aus, dachte Ruben, der sich nun doch sehr verwirrt umsah. Er stellte sich an die Fahrplanauskunft ins Laternenlicht und rückte seine Jeans zurecht. Dann zündete er sich eine Zigarette an und studierte den Fahrplan.

„Oh, geil, was haben wir denn hier!", schnurrte es hinter Ruben, und eine schmale, dunkel gekleidete Person näherte sich ihm. Es war eine etwas ältere Dame, nein, es war ein Mann, der sich sehr weibisch bewegte. Und tänzelnd näherkam. „Na, du schönes Ding, hast du dich verlaufen?", schnurrte die alte Tunte und glitt mit dem lackierten Zeigefinger am oberen Jackenärmel von Ruben entlang. „Was wird das hier?", fragte Ruben mit seiner tiefen männlichen Stimme und zuckte zurück. „Na, Schätzchen, du bist hier am Fernsehturm! Was denkst du, was das hier wird?", schnalzte die Tunte mit ihrer langen Zunge und öffnete seine Hose. Ruben erschrak und machte einen Satz nach hinten, der von der Laterne gebremst wurde. Das Gemächt der Tunte war gigantisch, hatte einen Prinz Albert und pochte mit dicken blauen Adern im gedämpften Laternenlicht bedrohlich in Rubens Richtung. Eigentlich war Ruben fasziniert. Aber auch überaus angeekelt. Er wusste nicht mehr, wohin er überhaupt blicken sollte.

Flashback:

Erinnern wir uns zurück an die Zeit, als Ruben gerade das Abitur machte und Hoang ihm Nachhilfe gegeben hat. Die beiden haben danach gemeinsam viel Mist gebaut, haben Partys gefeiert und sind betrunken fremden Männern ins Bett, ins Gebüsch, auf die Toilette oder sonst wohin gefolgt, wenn David und Walter nicht mit von der Party waren. Dass die beiden heute – 7 Jahre später – noch leben, grenzt an ein Wunder.

„Ich bin in einer Cruising Area!", stellte Ruben fest und musste schon fast lachen, wenn er nicht so verängstigt gewesen wäre. Es machte keinen Unterschied, ob er nun fett oder muskulös war – schüchtern war Ruben trotzdem. Und in einer Gegend, wo es schnellen Sex gab, fand er, war er nicht richtig. Ruben konnte die Tunte mit einem ‚Nein, danke!' zwar loswerden, aber das war nur der Anfang des Dilemmas. Einerseits war es irgendwie interessant, zu sehen, was an einem solchen Ort passierte. Andererseits, er war seit Jahren in einer festen Beziehung – mehr oder weniger. „Was er kann, kann ich auch!", sagte Ruben sich selbst und beobachtete einige dunkle Gestalten, die in der Nähe eines Tunnels im Gange waren. „*Nein, ich kann das nicht!*", dämmerte es ihm und er drehte sich wieder um. Es riss ihn beinahe innerlich auseinander. Ruben mochte Sex. Aber er wollte dies mit seinem Partner. Oder auch nicht. Er mochte keinen Sex mit Ahmet, bei ihm war er immer schmutzig, trotz vorbereitender Spülung. Er erstarrte auf der Stelle. Fasste sich Mut und verlor diesen gleich wieder. Er wollte ein Abenteuer, dann wollte er nur nach Hause. Er war in einem Dilemma. „*Wo sind Teufel und Engel, die auf der Schulter sitzen sollen?*", fragte er sich, obwohl er irgendwie wusste, wie gespalten er sich fühlte. Er wollte diese Figuren sehen. Die ihm Rat gaben, die ihm nicht zuhörten und immer wieder was flüsterten. Und eigentlich saßen genau diese auf seinen Schultern und ließen ihn nicht los.

Du kannst aussehen, so gut oder so schlecht du willst, das ändert deinen Charakter nicht. Du kannst so schön aussehen wie im Fernsehen oder größer, aber Arschloch bleibt Arschloch. Es bringt dir nichts, toll auszusehen, wenn du nicht weißt, wie du einen guten Menschen behandeln sollst, um ihn glücklich zu machen. Weißt du denn gar nicht, was Liebe bedeutet?

Er spürte, wie sehr es ihn danach verlangte, Sex mit jemandem zu haben. Aber nicht aus Rache an Ahmet. Nein, es wäre, um etwas anderes zu fühlen als das, was er in dem Moment empfand. Ruben wusste, wie er auf die Männer wirkte. Schließlich war er ein Ebenbild eines Gottes – dachte er und musste kichern. Dieses Kichern wurde sodann von einigen Schritten begleitet, die man durch den frostigen Schnee hören konnte. Es war der Typ aus dem Fitnessstudio, der ihn zuvor gefragt hatte, ob alles in Ordnung sei. Der Typ sah gar nicht schlecht aus, dachte Ruben und lächelte ihn an. „Na, Lust?", fragte der Typ Ruben. Und Ruben rannte davon. Panisch und unkontrolliert wusste Ruben nur noch, dass er nach Hause wollte. Nicht in die gemeinsame Wohnung mit Ahmet. Sondern nach Hause, zu Hoang nach Rodgau. Im nächsten Moment war alles wieder gut. Er war sicher vor der Cruising Area. Jetzt konnte er nach Hause fahren.

Ruben verließ die Gegend mit der nächsten U-Bahn und stieg an seiner Haltestelle aus. Ahmet müsste jetzt tief und fest schlafen. *„Ich könnte Hoang besuchen."*, überlegte Ruben und ging seine Straße entlang, während er seine letzte Zigarette rauchte. Es war bereits 2:15 Uhr, und am nächsten Tag müsste er um 8:00 Uhr schon im Hotel sein. Das bedeutete nur 4 Stunden Schlaf, vielleicht auf der Couch. Vielleicht neben Ahmet im Wasserbett. Ruben rang mit sich selbst. Er schloss die Haustür auf und zog seine Jacke und Schuhe aus. Dann schaltete er erst das Flurlicht an. Der Flur, der sonst immer ordentlich war, war wüst. Schuhe lagen kreuz und quer im Gang, manche Jacken lagen auf dem Boden und manche hingen nur noch teilweise an den Bügeln der Garderobe. „Was zur Hölle?", dachte Ruben und schob einige Schuhe zurück. Er ging ins Wohnzimmer.

Kennt ihr dieses Gefühl? Wenn etwas nicht stimmt und man es ahnt, aber nicht sehen kann? Es liegt in der Luft. Es ist seltsam. Es ist mysteriös und macht ungemein neugierig. Aber es ist alles andere als ein gutes Gefühl.

Im Wohnzimmer war alles so, wie er es am frühen Morgen verlassen hatte. Sodann ging Ruben in die Küche. Hier war alles in Ordnung. Da seine Blase drückte, begab er sich ins Badezimmer, alles normal, und er verrichtete sein Geschäft. *„Halt! Etwas riecht komisch."* fiel Ruben auf und er schüttelte ab. Er tätigte nicht die Spülung, sein Geruchssinn hatte ihn noch nie getäuscht. Ruben ging mit leisen Schritten auf die Schlafzimmertür zu. Diese war geschlossen, unüblich, denn Ahmet ließ immer die Tür offen, wenn er schlief. Leise öffnete er die Tür und schaute aufs Bett.

Ahmet schlief, wie üblich, nackt, ein Arm aus dem Bett hängend, den Mund offen, auf dem Rücken. Die Decke deckte ihn nur teilweise ab. Also nichts Neues. Aber Rubens Bettseite. Da lag jemand, ein nackter junger Mann lag aufs Rubens Bettseite. *„Das war's, ich geh!"*, dachte sich Ruben und seine Lippen bebten. Er stand im Flur, zitternd. Zerrissen. Jetzt wusste er, dass Ahmet ihn betrog. Der junge blonde Mann drehte sich um und stürzte ins Schlafzimmer.

„HEY, du kleiner Scheißkerl! WACH AUF!!", schrie Ruben und rüttelte an Ahmet herum. Der kleine Türke erschrak und sprang vom Bett, bevor er auf dem benutzten Kondom ausrutschte und nach hinten stolperte. Der Bettgenosse wurde ebenfalls wach und erschrak, als er einen großen muskulösen wütenden Mann vor sich sah. Erst dachte er, er würde **THOR** sehen, den Donnergott aus dem Kinofilm, aber dann war er wach. Der junge Kerl stolperte vom Bett, sammelte seine Kleidung zusammen und kroch in die nächste Ecke. Er hatte Angst vor Ruben. Ruben war außer sich vor Wut, Schmerz, Enttäuschung und wollte alles zerstören, was in seinem Weg war. Ruben warf den Nachttisch mit einer Handbewegung über das leere Bett. Er ballte seine Faust zu einem vernichtenden Schlag. Aber er dämpfte sich und sagte zu Ahmet in einem tiefen, gefühllosen Ton: „Ich werde gehen. Ich erwarte von dir, dass du meine Sachen packst. Ich hole sie morgen ab. Und ich bekomme noch 15.000,00 EUR von dir."
Ahmet: „Ja. Mache ich."
Danach drehte er sich um, stand einen Moment lang im Türrahmen und atmete tief ein. Tränen schossen aus seinen Augen, und er kniff diese zusammen, um die Reste rauszudrücken. Mit bebenden Lippen ging er los, schloss hinter sich die Tür des Schlafzimmers, in dem noch die beiden nackten Männer zitternd auf dem Boden in verschiedenen Ecken saßen, und ging den Flur entlang in die Küche. Er nahm sich ein Glas und eine Coke Zero, leerte sein Getränk und verließ die Wohnung.

Die restliche Nacht verbrachte Ruben in dem Hotel, in dem er arbeitete. Die Zimmer waren, obwohl er Angestelltenrabatt hatte, teuer. Aber das machte ihm nichts aus. Er wollte allein sein, er musste allein sein, er wollte jemanden zum Reden. Er wollte, dass der Schmerz aufhörte und diese Enttäuschung über die Menschheit wegging. Warum war Hoang nicht da? Warum war es auf einmal so kalt? Ruben machte kein einziges Auge diese Nacht zu. Seine Lippen bebten ständig. Seine Hände zitterten. Sein Handy klingelte ständig, aber es war nur Ahmet. Der Mann, der ihm jetzt jahrelang das Leben zerstört hatte. Seine Gefühle konnte Ruben nicht abschalten. Das Handy schon. Klick.

Am nächsten Tag verbrachte Ruben seine Frühstückspause damit, Wohnungen in Stuttgart zu suchen. In der Mittagspause suchte er dann Wohnungen in Rodgau und wurde fündig. Nur ein Anruf war seine ersehnte Freiheit entfernt. Ruben rief dort den Makler an und vereinbarte den Besichtigungstermin direkt auf seinen nächsten freien Tag. Die Wohnung war in der Nähe des Stadtparks in Rodgau. Keine 20 Minuten Fußweg entfernt von seiner alten Schule und damit keine 20 Minuten Fußweg entfernt von Hoangs Haus. Ruben wollte seinen besten Freund damit überraschen, wenn er wieder dort war.

Aber da war noch die Frage, wo er jetzt bis Donnerstag wohl übernachten solle, wenn nicht in seiner und Ahmets Wohnung. Er schaute auf die Uhr, die Mittagspause hatte er längst um 15 Minuten überschritten. Aber egal, was nun getan werden musste, musste getan werden. Soviel Selbstbewusstsein hatte Ruben nicht immer gehabt. So stark er aussehen mochte, so verängstigt und scheu war er im Inneren. Er packte seine Zigaretten ein und verließ den Pausenraum des Hotels. Er stand auf dem Parkplatz für Angestellte und suchte sein Auto. Im Inneren zitterte Ruben. *„Soll ich jetzt wirklich schwänzen und nach Hause fahren?"*, fragte er sich. Aber dann saß er schon im Auto auf dem halben Weg in die Hölle.

Die Wohnung war verwüstet. Der Kleiderschrank von Ruben mit Essensresten beschmutzt, und in der Küche lagen zerbrochene Glasflaschen und Müll. Von Ahmet keine Spur. Auch seine Sachen, Laptop, Arbeitsunterlagen, Bücher und Klamotten waren verschwunden. Lediglich im Briefkasten fand Ruben eine Rechnung. Dann erhielt er eine SMS von Ahmets Schwester, die ihm sagte, dass es ihr leidtue, dass er diesmal nicht zu Besuch kommen könne, und Ruben wusste, wo Ahmet hingegangen war. *Der kleine Scheißkerl ist in die Türkei verreist?* Wütend begann Ruben die Wohnung zu putzen. Er war so wütend und enttäuscht, so emotional, dass er gar nicht bemerkte, wie viele Tränen sein junges markantes Gesicht runterliefen. Sein Handy klingelte mehrmals. Immer wieder, alle zehn Minuten. Es klingelte und vibrierte auf dem Küchentisch einsam vor sich hin und keiner schenkte ihm Beachtung. Jedenfalls war das Handy das Letzte, was Ruben sehen wollte. Er wollte einfach Frieden und Reinheit. Ruben putzte und säuberte alles in der Wohnung, selbst die Küchenschränke putzte er im Inneren, und jedes bereits saubere Glas spülte er noch ein zweites Mal ab. Wie in Trance desinfizierte Ruben die Wohnung, bevor er diese wieder verließ, um ins Hotel zurückzufahren. Es war bereits 03.30 Uhr nachts. Auf seinem Handy waren 87 Anrufe und 12 Sprachnachrichten.

> *Wer kann nachvollziehen, wie es sich anfühlt, in Trance zu fallen und nicht mehr daraus aufwachen zu können? Es ist wie ein Gefängnis. Du bist gezwungen eine Aufgabe zu erfüllen, bevor man dich wieder loslässt. Es ist, als wäre man in einem schwarzen Raum gefangen und man müsse die Wände mit Licht bestrahlen. Und das alles ohne Licht. Wer diese Schmerzen spüren musste und es überlebt, gilt als stark.*

„Ich habe meinen Job verloren.", sagte Ruben seiner besten Freundin am Telefon. Er war emotionslos und klang sehr monoton. Monika, seine Kindheitsfreundin, eine kräftige Frau mit kurzen schwarzen Haaren und strengem Blick, war besorgt. Sie kannte Ruben bereits seit dem Kindergarten, war mit ihm in der Grundschule und sodann mit auf der weiterführenden Schule, dem Gymnasium. Monika war es auch, die Ruben ermutigte, nach Stuttgart zu gehen und dort sein berufliches Glück zu versuchen. Das Einzige, was sie nicht wollte, war, dass Ruben unglücklich war. „Komm nach Hause.", sagte sie ihm, und Ruben erzählte ihr von seinen Plänen. In zwei Tagen würde er nach Rodgau kommen.

Er schaute sich gemeinsam mit Monika die neue Wohnung an, und diese sagte ihm auch sofort zu. Es war ein alleinstehendes Drei-Familienhaus mit Garten. Die oberen zwei Wohnungen waren zu vergeben. Ruben konnte es sich aussuchen, ob er in der Dachgeschosswohnung oder in der ersten Etage einziehen wollte. Er nahm die Dachgeschosswohnung, da das Schlafzimmer einen schönen Ausblick auf den nächstgelegenen Wald hatte. Das Einzige, was noch fehlte war, dass seine Möbel und seine Sachen von Stuttgart nach Rodgau kämen. Dann wäre er frei gewesen. Ruben unterzeichnete den Mietvertrag und hinterließ auch gleich die Kaution in bar bei der Vermieterin, einer Frau mittleren Alters, die Monika zuzwinkerte, als die beiden das Haus verließen.

Am Abend fuhr Ruben dann nach Frankfurt. Über Facebook hatte er erfahren, dass Hoang im St. Hubertus-Krankenhaus als Facharzt für Onkologie arbeitete, und von dessen Schwager, Andreas, mit dem Ruben immer stets viel Kontakt hielt, erfuhr er, dass Hoang in dieser Woche abends arbeitete. Also machte sich Ruben auf, um seinen besten Freund auf seiner Arbeit zu überraschen und ihm mitzuteilen, dass er ab Februar wieder in Rodgau leben würde. In seinem Kopf hatte er sich das alles superspannend mit viel Jubel und Konfetti vorgestellt. Er hatte sich sehr darauf gefreut, seinen besten Freund endlich wiederzusehen. Aber er war nicht da. Die Assistentin teilte mit, dass Herr Dr. Tran mit dessen Partner bereits früher gegangen wäre. *„Seit wann hat Hoang einen Freund? Und warum weiß ich davon nichts?"* Ruben wollte nicht weiter darüber nachdenken und fuhr mit lauter Musik und offenem Fenster wieder nach Stuttgart zurück.

Ende Januar 2016 konnte Ruben endlich die Dachgeschosswohnung beziehen, und er richtete sich mit Freude ein. Noch immer wusste niemand, außer Monika, dass er wieder in Rodgau war. Er wollte alle überraschen. Besonders Hoang wollte er überraschen. Wenn der Arzt doch etwas mehr Zeit für ihn hätte, dachte sich Ruben, der die Kisten aus dem Transporter in die Wohnung trug. Ruben war stark, groß und voller Hoffnung. Gleichzeitig fiel ihm auf, dass die Etage unter ihm mittlerweile auch vermietet worden war. Ein junges Pärchen, er am Bau tätig, sie im Verkauf. Mehr wusste er auch noch nicht. Mehr hätte Ruben auch nie erfahren sollen. Mehr wäre auch viel zu viel. Aber mehr war das, was Ruben immer bekam. In der ersten Februarwoche 2016 war Rubens Wohnung eingerichtet, und die Nachbarn klingelten zur Begrüßung. Im Fitnessoutfit öffnete er seinen Nachbarn die Tür und zeigte ihnen die neu eingerichtete Wohnung. Der Mann vom Bau war besonders interessiert an den vielen Fitness- und Trainingsgeräten im Wohnzimmer. Dessen Freundin, die Frau aus dem Markt, war mit der älteren Dame aus dem Erdgeschoss an der stilvollen Küche interessiert. „Wir können gerne mal ein Nachbarschaftsfest machen.", schlug die ältere Dame bei Kaffee und Kuchen vor. Der Mann vom Bau lachte mit seiner rauen Stimme über einen Witz, den Ruben machte. Der Mann vom Bau, Ruben wusste seinen Namen, aber er vergaß ihn immer wieder.

Ruben wusste mehr, als er wollte. Der Mann vom Bau war muskulös und haarig. Die Muskeln schienen die Haut fast durchbrechen zu wollen. Schweißperlen tropften von der Stirn auf die feste, aufgepumpte haarige Brust und blieben über der festen Brustwarze hängen. Der Mann vom Bau atmete schwer ein und aus, während er kräftig zustieß und Ruben festhielt, als wäre es der letzte Tag auf Erden. Der Mann vom Bau hatte einen gierigen Blick in seinen braunen Augen und grinste Ruben frech an. Die Frau vom Markt wusste hiervon nichts. Die alte Dame im Erdgeschoss wusste hiervon nichts. Nur allein der Mann vom Bau und Ruben wussten hiervon. Sie hatten seit einer Stunde schweißtreibenden wilden Sex, und keiner von beiden wollte zum Abschluss kommen. Es war zu intensiv, um schon aufzuhören. Der Höhepunkt musste warten. Die Welt musste warten. Das ist genau das, was Ruben jetzt brauchte. Einfach nur loslassen und in Ekstase versinken. Und der Mann vom Bau war genau der Richtige hierfür. Er pumpte und stemmte sich gegen Ruben und atmete und stöhnte tief und gierig. Ruben war fasziniert von der Kraft, die der etwas kleinere, aber ebenso muskulöse Mann ihm zeigte. So konnte jeder Tag enden.

Es war bereits April 2016, und noch immer wusste Hoang nichts davon, dass Ruben wieder in Rodgau lebte. Er lebte nicht nur, er wilderte in Rodgau. Ruben war groß, muskulös, blond und schön. Und er war gierig. Fast täglich hatte er sich mit diversen Männern, aber hauptsächlich mit dem Mann vom Bau, getroffen und wilden Sex, oder auch weniger wilden Sex, oder auch nur Anfassen-fertig-Sex gehabt. Alle diese Männer waren Nutzvieh. Ein Puffer, um die Wut und die Enttäuschung und den Schmerz, den Ahmet bei Ruben hinterlassen hatte, abzukühlen und zu mildern. Hierbei kam es immer wieder dazu, dass mal ein Kondom platzte oder der Kerl gar nicht erst zum Kondom griff, weil er Rubens Hintereingang intensiver spüren wollte. Es war für Ruben unvermeidlich, dass er mal wieder den einen oder anderen Arzt aufsuchen musste. Aber nicht Hoang, ihn wollte Ruben nicht mit seinem Wildlife belasten. Schließlich hatte Hoang einen neuen Partner, einen Herbert Cup. Er sollte ein netter Geschäftsmann sein, der Herbert. Keine Augenweide, aber nett, gut in Form, und eine Vorliebe für Motorräder und Hunde sollte er auch haben. Klingt gar nicht mal so schlecht, dachte Ruben. Er freute sich für Hoang.

Schon Mitte Juli, und sein Penis brannte so heftig, bei jeder Berührung und auch beim Wasserlassen. Jetzt musste Ruben endlich mal zum Arzt. Er schaute aus seinem Badezimmerfenster, das Wetter war trüb für den Juli. Aber es brannte so heftig. Er musste zum Urologen. Und es war ihm so peinlich. Ruben trocknete sich vorsichtig ab. Den weißen Ausfluss wischte er vorsichtig mit Toilettenpapier vorne ab. Ruben war groß, muskulös, sexy und hatte sich einen Tripper eingefangen. Er weinte. Er war außer sich und wusste nicht, ob er jemals mit jemandem darüber sprechen konnte. Ruben fühlte sich plötzlich allein und verlassen. Aber er musste jetzt unbedingt zum Arzt. Und er ging zum Arzt, zu Dr. Tran.

Eigentlich wusste Ruben, dass er beim Onkologen sein Problem nicht ansprechen konnte, aber er wollte nun doch endlich seinen besten Freund sehen, den er schon eine sehr lange Zeit nicht mehr gesehen hatte. Und er wollte ihm seine Geschichte erzählen, wie es ihm erging in Stuttgart, was er dort erlebt hatte, wie er Ahmet kennenlernte und wie oft sein Herz gebrochen wurde. Er wollte sein Leid teilen und von jemandem verstanden werden, der ebenso viel Leid ertragen musste. Er wollte jemanden, der zuhören konnte. Es sollte nicht irgendwer sein. Es sollte Hoang sein. Und es gab keine andere Möglichkeit, als sich einen Termin zu nehmen und im Wartezimmer aufgerufen zu werden. Also wartete Ruben darauf, dass ihn die Arzthelferin ins Büro seines besten Freundes bestellte. Er war schon ganz aufgeregt. Und sein Penis schmerzte.

Eine gefühlte Ewigkeit – 27 Minuten genau – musste Ruben warten, bis die Arzthelferin ihn aufrief. Sie führte den großen, blonden und muskulösen jungen Mann mit Dreitagebart in ein Labor und wollte ihm Blut abnehmen. Reine Routine. Ruben wurde schlecht. Er hasste es, wenn man mit Nadeln werkte. Er hatte keine Angst, aber dieser Stich. Nein, eklig. Er ließ die junge Frau sein Blut abnehmen und presste seine Augen zusammen und schaute weg. „Ist alles in Ordnung?", fragte sie ihn, und er nickte mit zusammengekniffenen Lippen und dicken Krokodilstränen in den blauen Augen. „Wie viel Blut wollen Sie denn noch haben?", fragte er mit zittriger Stimme und traute sich, auf die Kanüle zu schauen, aus der die dunkelrote Flüssigkeit in kleine Fläschchen gepumpt wurde. „Er hat Angst vor Nadeln und Spritzen.", sagte eine bekannte männliche Stimme, und Ruben blickte zur Tür. Hoang stand lässig in seinem Arztkittel an den Türrahmen gelehnt und beobachtete die Arzthelferin, wie sie eine vierte Ampulle mit Rubens Blut füllte. Der junge Asiate lächelte seinen besten Freund an, den er seit Jahren nicht mehr gesehen hatte. Ruben fühlte sich plötzlich wieder viel besser und grinste zurück.

Nach dem Mittagessen mit Hoang musste Ruben dennoch einen Urologen aufsuchen. Er wurde von seinem besten Freund herzlich in Empfang genommen, sie hatten gelacht und sich von ihren frühesten Erlebnissen erzählt. Und dann hatte Hoang Ruben getadelt und ihn zu einem Kollegen geschickt, der Urologe war und sich bestens mit Geschlechtskrankheiten auskannte. Also musste Ruben zu diesem Arzt gehen. Die Praxis war nett rustikal eingerichtet. Es lief leises Radio, und vor ihm waren nur noch zwei alte Herren, die mit ihren Automagazinen beschäftigt waren und den Anschein machten, schon seit Jahren auf dem gleichen Platz in diesem Wartezimmer zu sitzen. Herr Dr. Alec Brosius, Facharzt für Sportmedizin und Urologie, seltsame Mischung, dachte sich Ruben, der wenig später in dessen Wartezimmer die Zertifikate betrachtete. *Der Arzt war der gleiche Jahrgang wie Hoang, Walter und David*. Und der Mann sah gut aus. „Sportmediziner, was? So sieht er auch aus!", wollte Ruben denken, sprach es aber aus. Dr. Brosius war einen halben Kopf größer als Ruben, also 2 Meter groß aber nicht so muskulös, dennoch sehr gut in Form, breite Schultern, dunkle Haare und hellgrüne Augen. Eine Augenweide. *Stopp, nicht flirten. Er muss dir gleich ins Röhrchen schauen.* Versuchte Ruben sich zu beruhigen. Dr. Brosius begutachtete die Weichteile von Ruben und verschrieb ihm ein Antibiotikum. Danach tadelte der gut aussehende Arzt den jungen Gott noch mit einem frechen Grinsen im Gesicht. Ruben hörte jedes einzelne Wort des Arztes, aber verstand nicht eine Silbe. Er war von ihm total fasziniert. Und dann wurde er mit einem Rezept für Antibiotika aus der Praxis geschoben.

In Zeiten wie diesen wünscht man sich Unendlichkeit. (Zitat) Aber auch Unendlichkeit ersetzt nicht das Gefühl, das man hat, wenn man nicht weiterweiß und sich in den Gegebenheiten des Lebens verliert. Viel zu viel passiert heutzutage um einen herum, sodass es schwerfällt, sich auf das Wesentliche zu konzentrieren. Mag es ein Ziel sein, mag es ein Abenteuer sein. Die Angebote sind schier unendlich. Was willst du eigentlich vom Leben? Manche möchten nur das Leben erleben und können es nicht. Kennt man das, wenn ein Stern aus dem Fernsehen seine Hand aufhält und die Bedürftigen nach diesem Licht greifen sollen, dieses Licht jedoch von allen anderen weggenommen wird und die Bedürftigen einfach bedürftig bleiben und der Stern aus dem Fernsehen nur zusehen kann, wie diese Bedürftigen weiter leiden müssen. Nehmt den anderen nicht weg, was ihr schon selbst zur Genüge habt.

Nach der Apotheke telefonierte Ruben noch während der Autofahrt zu seiner Wohnung mit Hoang und berichtete von seinem kuriosen Arzttermin bei Dr. Brosius. „Ich habe mit ihm studiert. Ein echter Riese!", sagte Hoang durch die Freisprechanlage. „Oh ja, der war riesig. Ich habe nichts davon mitbekommen.", antwortete Ruben lachend, bevor sein Kinn seinen Schoß berührte. Er bremste langsam ab und beobachtete das brennende Haus vor ihm. Das Haus, in dem alle seine Möbel und sein Hab-und-Gut waren, brannte lichterloh. „Mein Haus brennt.", sagte Ruben monoton und starrte weiter das Feuer an, welches von der Feuerwehr anstrengend bekämpft wurde. Ein Feuerwehrmann kam an Rubens Seitenfenster und deutete an, dass er umkehren solle. „Ich wohne da.", antwortete ihm Ruben und wollte näher an das Haus fahren. Der Feuerwehrmann hinderte ihn daran und wies ihn an, die nächste Parklücke zu nehmen. „Mein Haus brennt.", sagte Ruben erneut. „Da sind alle meine Sachen drin und brennen jetzt weg."

2 Wochen später

Als er die Haustür aufschloss, war es unglaublich still. Es war, als wäre die Zeit stehengeblieben. Aber bei Hoang im Haus war es immer so. Hier gab es weder eine tickende Uhr noch sonst Geräusche, die auf Leben hindeuten konnten. Hoang besaß ein kleines Einfamilienhaus am Stadtrand von Rodgau, wo Ruben sich nach dem Hausbrand eingefunden hatte, bevor seine neue eigene Wohnung renoviert war. Hoang war im Garten, mit Herbert und den Hunden Mini, Klein-Medium und Groß. Ruben mochte Herbert nicht, aber das war ja kein großes Problem, denn Herbert und Hoang waren noch nicht zusammengezogen. Und Ruben hoffte sehr, dass dieser Zusammenzug auch nicht geschehen würde. Er mochte Herbert nicht, und die beiden kleinen Hunde waren furchtbar. Groß hingegen war lieb und artig. Er mochte die Hündin. Er ging in den Garten, um Hoang zu begrüßen, jedoch zögerte Ruben, als er mitbekam, wie Hoang mit Herbert schimpfte. „Alles leere Versprechungen! Ich weiß gar nicht was mit dir los ist!", hörte Ruben Hoang schimpfen. Herbert saß zusammen gesunken auf dem Gartenstuhl und blickte bedrückt zu Boden. Da entschloss Ruben, doch lieber sofort ins Bett zu gehen. Er hatte ein schönes Gästezimmer mit Ausblick nach Westen, wo die Sonne gerade unterging. Es wäre ein schöner Anblick gewesen, wenn das Paar im Garten nicht so laut diskutiert hätte.

Am nächsten Morgen war Hoang bereits in die Klinik gefahren, als Ruben aufwachte und in die Küche kam. Herbert saß am Tisch und las die Zeitung, eine Zigarette im Mund, anstelle von Kaffee eine Dose Bier. Vor der Glastür zum Garten war eine Urinpfütze einer seiner Hunde und Ruben verzog verärgert sein Gesicht. „Willst du das nicht aufwischen?", fragte Ruben, der zur Kaffeemaschine ging und sich eine Tasse Kaffee einließ. „Das trocknet schon. Hoang wird das gar nicht merken.", sagte Herbert schnippisch und nahm einen kräftigen Schluck von seinem Bier. „Wenn du nicht mit meinem besten Freund zusammen wärst, ich hätte dich windelweich geprügelt!", drohte ihm Ruben und haute mit der Faust auf die Küchenzeile, sodass seine Kaffeetasse vibrierte. „Ist ja schon gut, Mann. Ich mach das weg.", entschied sich Herbert und nahm den Wischmopp, den er jeden Morgen vorbereitete, weil er ohnehin wusste, dass zwei seiner Hunde nicht stubenrein waren und er es ihnen nicht abgewöhnen konnte. Ruben hatte an diesem Vormittag ein Vorstellungsgespräch und wollte eigentlich gut gelaunt dorthin gehen. Aber Herbert regte ihn nur auf. *„Wie konnte Hoang sich nur in diesen Kerl verlieben?"*, dachte Ruben und verließ die Küche, die Kaffeetasse halb leer zurücklassend, um sich umzuziehen.

Bevor er jedoch zum Vorstellungsgespräch fahren konnte, fand er Herbert bewusstlos in der Küche, den Wischeimer umgekippt, im Pisswasser liegend. Erschrocken über die Situation nahm er das Telefon, wählte den Notruf und zog Herbert aus der Pfütze, die bestialisch roch. Die beiden kleineren Hunde bellten aus dem Garten aufgeregt, während die Husky-Hündin sich nicht kümmerte. Zehn Minuten später war der Krankenwagen da und lud den mittlerweile von Ruben halb ausgezogenen Herbert auf. Die mit Pisswasser verschmierte Kleidung warf Ruben in die Küchenspüle und stieg mit in den Krankenwagen. Sein Handy vergaß er zu Hause.

„Rufen Sie in Frankfurt im St. Hubertus an und verlangen Sie dort nach Dr. Tran.", sagte Ruben, nachdem er und Herbert in der Notaufnahme des naheliegenden Krankenhauses angekommen waren, zu der Empfangsdame der Notaufnahme. „Dr. Tran ist der Partner des Patienten.", erweiterte Ruben die Aufforderung, bevor die Schwester ihn fragen konnte, warum sie dort anrufen sollte. Wenige Stunden später war Hoang in der Notaufnahme angekommen. Er sah, wie durcheinander sein bester Freund im Wartebereich saß. Rubens Anzug war ruiniert, die Ärmel mit gelber eingetrockneter Flüssigkeit verschmiert, das Hemd halb aus dem Hosenbund hängend und die Haare vollkommen wirr und durcheinander. „Meine Güte, Ruben. Was ist passiert?", fragte Hoang seinen besten Freund, der aufsah und in Tränen ausbrach. Unter erstickender Stimme erzählte er, wie er Herbert in der Küche angeschrien hatte und ihn später bewusstlos fand. Er hatte Angst, dass sein Zorn dem Mann einen Herzinfarkt oder einen Schlaganfall verpasst haben könnte. Sein Vorstellungsgespräch in dem Frankfurter Sternehotel hat er derweil längst vergessen.

Nachdem die beiden etwa eine weitere Stunde im Wartebereich gesessen hatten, kam endlich eine Ärztin. „Dr. Tran, schön Sie zu sehen. Ich wünschte, die Umstände wären bessere gewesen.", grüßte die Ärztin und gab Hoang die Hand. „Hallo Dr. Filip. Wie sieht's aus?", fragte Hoang, der schon einen Blick auf das Krankenblatt werfen wollte. Sie hielt es aber zurück. „Nehmen Sie erst mal Platz.", sagte sie und nahm gemeinsam mit den beiden Freunden Platz. „Herr Kollege, Herr Cup ist Ihr Partner?", fragte sie, und Hoang nickte. „Gut, also es ist so, Herr Cup leidet an Hodenkrebs. Wir würden ihn morgen operieren. Aber hierfür brauchen wir noch Angaben.", sagte sie und wusste, dass Hoang den Anamnesebogen bereits erwartete. Er nahm ihn an sich und fing an, die dortigen Fragen zu beantworten. In diesem Moment fiel Ruben ein, dass er sein Vorstellungsgespräch verpasst hatte.

> *Ein Held, ein Star, ein Mann aus Stahl – so würden alle ihn jetzt sehen. Vielleicht ihn sogar Gott nennen. Tatsächlich ist er ein Held. Aber hat sich jemand mal Gedanken darüber gemacht, dass dieser Held genauso zerbrechlich ist wie der Rest der Welt? Versteht denn jemand, dass dieser Held auch Gefühle hat und sogar Angst empfand? Natürlich nicht, denn dann wäre er kein Held mehr. Er wäre dann wie du und ich, und damit wäre er ganz langweilig.*

„Hoang, ich werde so schnell wie möglich ausziehen, wenn du nichts dagegen hast. Das, was heute Morgen geschehen war, will ich nicht noch einmal erleben. Ich glaube, ich bin traumatisiert.", sagte Ruben zu Hoang, der neben ihm im Auto saß und erst jetzt feststellte, dass er fürchterlich nach Hundepisse roch und sein neuer Anzug ruiniert war. Ruben musste vor lauter Emotionen fast weinen. Zu viel ging in seinem Kopf hin und her, und vor allem war er erschrocken über seinen Zorn, den er am Morgen gegenüber Herbert empfand.

An dem Tag, an dem Herbert operiert werden sollte, zog Ruben in seine eigene Wohnung. Er gab Hoang den Ersatzschlüssel zu seiner Wohnung und verabschiedete sich damit, dass Hoang dem Hodenheinz doch einen Gruß ausrichten sollte. Zum Glück konnte das Vorstellungsgespräch im Sternehotel verschoben werden. Die Direktorin war nicht besonders begeistert gewesen, dass Ruben zum ersten Vorstellungsgespräch weder erschien noch auf ihre 20 Anrufe reagierte. Nach einer umfangreichen Erklärung und der Versicherung eines Arztes aus Frankfurt war sie bereit, ihm eine zweite Chance zu vergeben. Ruben erschien pünktlich zum Vorstellungsgespräch. Er bekam den Job als Ausbildungsleiter für die Hotelfachleute, eine Vierzig Stundenwoche, gutes Monatsbrutto und 33 Tage Urlaub. Er war stolz auf seinen Erfolg. Nächsten Monat konnte er dann seine neue Stelle antreten. Als er das Hotel verlassen wollte, stand Moe vor ihm. Groß, sportlich, adrett und sehr attraktiv.

KAPITEL 3
He, She, It

David Steifer

„Ich werde dir nicht zum Geburtstag gratulieren, weil du mir gerade so egal geworden bist!", schrieb David nach dem Streit mit Hoang. *„Zwölf Jahre Freundschaft und Hoang versteht mich immer noch nicht."* David brach in Tränen aus und schmiss das Glas vom Tisch. Seit 6 Monaten beschäftigte er sich mit dem Thema und vermochte immer noch nicht zu fassen, warum sein bester Freund ihn nicht begleiten konnte. Aber bereits sein ganzes Leben hatte er sich so gefühlt. „Ich bin eine Frau!" David und Hoang waren schon seit der weiterführenden Schule beste Freunde. Beide unterschiedlich wie Tag und Nacht. David, der es liebte, jede Woche eine neue Frisur zu haben, und Hoang, der dünne kleine Asiate. Sie waren unzertrennlich. Hatten zusammen Schule geschwänzt, um auf der Sitzbank in der Einkaufsgalerie Männer abzuchecken und ihr selbst erfundenes Spiel „Ja/Nein" zu spielen. Eine unendliche Anzahl kleiner verrückter Geschichten hatten die beiden erlebt. Und jetzt hatte es auf einmal, Anfang März 2009, ein Ende.

David hatte vor einigen Jahren Michelle kennengelernt, eine Transgenderfrau, die auf dem Weg zur Umwandlung Davids Begeisterung auf sich zog. David und Michelle waren sich ähnlicher als David und Hoang, so dachte David es jedenfalls. Zumindest wollte David sich selbst endlich kennenlernen. Es wurde Zeit, David hinter sich zu lassen und Sophie zu sein. Sie begann, sich gründlicher zu rasieren, so viele Haare wie möglich mussten vom Körper runter, umso mehr Haare müssten auf dem Kopf wachsen. Ein Glück, dass die Haare – trotz des Färbens, Schneidens, Um-und-Her-Stylings – stark und kräftig waren. Ein noch größeres Glück, dass die Figur auch bereits kurvig und feminin war. *„Ich brauche nicht mehr als mich als Frau!"*, dachte sich Sophie und betrachtete ihren – noch männlichen, aber haarlosen – Körper. Sophie hatte als David zwar Übergewicht, jedoch war es so verteilt, dass er von hinten immer für eine Frau gehalten wurde. Sophie erinnerte sich, wie einige Teenager hinter ihr und Hoang kicherten und sagten: „Die da frisst der anderen alles weg." Schneller flog noch keine Rakete ins All als das Zigarettenpäckchen von David ins Gesicht des Teenagers. „Das kleine Reisbällchen frisst dreimal so viel wie ich, du Aas!", schimpfte David und zog lachend mit Hoang von dannen. Eine Erinnerung, die langsam verblasste.

Sophie Steifer
Sie sah sich im Spiegel an, die ersten Versuche, ein Leben im falschen Körper durchzusetzen, unsagbar anstrengend – unsagbar schön. Es fiel ihr einerseits unglaublich leicht, sich zu schminken, Lippen und Augen zu perfektionieren und die Bartstoppeln verschwinden zu lassen. Andererseits war es unglaublich schwer, die noch kurzen Haare so zu stylen, dass es wenigstens zu einer weiblichen Kurzhaarfrisur wurde. Und noch schwerer war es, die tiefe Stimme heller zu stimmen und die gewohnten Bewegungsabläufe umzustellen. Das grobe „Pack-mal-zu" musste weg, und dafür musste ein „Ach-wie-süß" her. Sophie war an diesem Abend begeistert von ihrer Verwandlung. Aber vor die eigene Zimmertür traute sie sich nicht. Sie tanzte eine Weile vor dem Spiegel im Kreis, hörte alte Musik und summte fröhlich mit. Dann nahm sie sich wieder ein wenig Puder und stäubte sich ein. Es war lustig und machte ihr unglaublich viel Spaß, sich zu schminken und dennoch natürlich weiblich auszusehen. Sie war nicht daran interessiert, sich wie eine Dragqueen zu schminken, denn das war ihrer Meinung nach Kunst und nicht das, was sie wollte. Denn sie wollte LEBEN.

Sie schminkte sich ab und zog das rote Top aus. Dann stieg sie wieder als er in die lässige Jogginghose und das grüne T-Shirt, welches sie vorher anhatte. Noch ein Blick in den Spiegel – *schön wirst du sein* – und sie verließ ihr Zimmer im Elternhaus und ging hinunter ins Esszimmer. Ihre Mutter Elisa hatte wieder ein leckeres Abendessen zubereitet, Knödel mit Specksauce, Kassler und Sauerkraut. Ein traditionelles, altbürgerliches Rezept nach Großmutters Art. Sophie liebte es, aber es war kalorienreich und alles andere als gut für die Figur. *Eine Figur wie Mama hätte ich gerne*, dachte sich David am Esstisch und lächelte seine Mutter an. Seine Mutter war schlank und fit, rauchte aber gerne mal bis zu 30 Zigaretten am Tag und vielleicht sogar mehr. Aber die Frau war immer herzlich und freundlich. Sie liebte Hoang wie einen zweiten Sohn und wusste noch gar nicht, dass David ihn aus dem Leben gestrichen hatte. Elisa wusste auch gar nichts davon, dass sie zwei Töchter hatte. David sollte es gar nicht mehr geben und es hat ihn nie gegeben, wusste Sophie tief in ihrem Inneren.

„Mama?", fragte David, nachdem sie den Abwasch gemacht hatten und gemeinsam auf der Veranda saßen und *Tokio Hotel* im Radio hörten. „Was ist denn mein Schatz?", erwiderte die Mutter mit ihrer herzlichen Stimme, die so viel Wärme und Fürsorge ausstrahlte, andererseits aber einen rauchigen Unterton hatte wie Joe Cocker. Das Kettenrauchen blieb nicht spurlos. „Ich hatte heute einen heftigen Streit mit Hoang.", antwortete David und brach in Tränen aus. Die Mutter nahm ihr Kind in die Arme und gab ihm einen sanften Kuss in die Haare. „Ist das mein Parfüm?", fragte sie, als sie den süßen Duft wahrnahm. Elisa wusste schon immer, dass ihr zweites Kind etwas Besonderes war. Was auch immer David getan hatte, Elisa hatte ihn unterstützt und war da. Sie war die Mutter. Die Göttin. Er war so unglaublich glücklich, dass er eine solche Mutter hatte, die ihm zuhörte, zwar nicht alles verstand, aber immer da war und ihm immer die Hand hielt. David war nie allein. Auch nicht in diesem Moment, wo ihm bewusstwurde, dass er einen großen Teil seines eigenen Lebens mit einem Satz aus dem Leben verbannte. „Lasst euch beiden Zeit, mein Kind. Bald werdet ihr darüber lachen und wieder ganz glücklich sein und dann in einem schicken Restaurant zusammen essen, und der Streit ist lange vergessen.", sagte Elisa und zog an ihrer Zigarette. David nickte zufrieden und nahm einen Schluck Kaffee. Im Wohnzimmer brüllte der Vater wieder betrunken den Fernseher an, und die beiden schüttelten nur lachend den Kopf.

Einige Wochen später wollte SOPHIE sich endlich trauen. Sie wollte nicht mehr in ihrem Zimmer allein SOPHIE sein. Nein, mindestens Elisa sollte es zumindest wissen. Sie war die zweite Tochter, nicht der missratene Sohn David, der falsche Entscheidungen traf und keinen Job fand. David war ein Versager, dachte sich Sophie und schaute sich wieder im Spiegel an. Sie zog die Jogginghose aus und tauschte diese mit einem roten Faltenrock. Dann zog sie sich einen BH und ein fliederfarbenes Top an. Von der letzten Faschingsfeier hatte sie noch eine blonde Perücke gehabt. Jetzt wurde wieder geschminkt, und mit jedem Mal wurde Sophie besser darin. Die Kosmetik-Clips im Internet halfen ihr sehr dabei. Eine Stunde später betrachtete sie sich im Spiegel. „Jetzt bin ich bereit!" Mit ängstlichen und zitternden Fingern berührte sie die Klinke ihrer Schlafzimmertür. Einen Spalt breit öffnete sie die Tür und schaute gespannt raus, um zu sehen, ob jemand gerade in dem Hausflur herumlaufen würde. Er war leer und roch wie sonst nach kaltem Rauch. Ihr Vater war noch auf der Arbeit, und die Mutter müsste im Wohnzimmer sein. Sophie traute sich, die Tür weiter zu öffnen und nahm einen Schritt nach dem anderen. Sie wackelte auf den hohen Schuhen und hielt sich erst einmal an der Wand fest. Dann kam sie am Treppengeländer an und schaute vorsichtig runter, denn von dort aus konnte man ins Wohnzimmer schauen. Es war niemand zu sehen und auch niemand zu hören. Die Mutter war wohl im Garten, und so traute sich Sophie die Treppen runter.

„Das darf doch nicht wahr sein! Mach, dass du davonkommst!", schrie Sophies Vater und warf ihr eine leere Bierdose hinterher. Der

Mann war wie so oft betrunken. Er pöbelte grundlos vor sich hin und warf immer mit seinen leeren Bierdosen, wenn ihm etwas nicht passte. Ihm passte es gar nicht, dass auf einmal eine schönere Frau in seinem Wohnzimmer stand als seine älteste Tochter Natalie, Sophies 7 Jahre ältere Schwester, die mit einem Mann verheiratet war, der mehr als doppelt so alt war und – sollte man Natalie kennen – mit dem sie nur verheiratet war, weil er Geld hatte. Der Vater war dennoch unglaublich stolz auf seine Tochter. Seine Tochter, nicht David und schon gar nicht Sophie. Sophies Schwester hatte keine Ausbildung, keinen Schulabschluss, keinen Modegeschmack und erst recht keine Ahnung von Menschlichkeit. Die Schwestern hatten sich von Kindesalter an schon nicht leiden können. Und jetzt noch viel weniger. „Du bist ein lächerlicher Abklatsch einer Dorfnutte!", schimpfte einmal Natalie beim gemeinsamen Familienessen mit Sophie. „Wenigstens kann ich das ABC, du hast ja nicht einmal Singen und Klatschen bestanden.", erwiderte Sophie und schaffte es nicht, dem Stück Torte auszuweichen, welches Natalie nach ihr schmiss. Die ältere Schwester war im Verhalten alles andere als eine ältere Schwester. Ein Kindergarten voller missratender Bälger war gar nichts gegen Natalie. Die ältere Schwester hatte immer tiefe dunkle Augenringe – vom Alkoholgenuss – und ihre Haare waren ungepflegt; und auch roch sie ständig nach Schweiß.

Es war nicht immer so anstrengend, denn Elisa schützte ihre Tochter Sophie. Sie schloss Natalie im Schrank ein und setzte Sophie ins Auto und fuhr mit ihrer Tochter über ein Wochenende zu einer Freundin nach Mannheim. Elisa wusste längst lange vor Sophie, dass sie eine zweite Tochter hatte, deshalb war sie gar nicht erst überrascht, als David als Sophie die Treppen herunterkam. Ganz im Gegenteil, Elisa sah das Strahlen in den Augen ihrer Tochter und war überaus glücklich und fasziniert. Sophie glich Elisa in ihren jungen Jahren. Stolzer konnte eine Mutter nicht sein. Und jedes Mal, wenn der Vater oder Natalie Versuche starteten, Sophie in irgendeiner Weise anzugreifen, war Elisa da. Sie setzte sich ein und forderte mit allen ihren verfügbaren Mitteln die Akzeptanz ihrer restlichen Familie. Aber dass Hoang das alles nicht miterleben konnte, verstand Elisa nicht. Anfangs fragte sie bei Sophie nach. Mit der Zeit aber schwieg Elisa hierüber.

Seit einem Jahr lebte Sophie schon als Frau. Es war Frühling 2010. Mit Elisa fuhr Sophie nach Frankfurt zum gemeinsamen Einkaufen und Zeit verbringen. Ihre Frühlingsmode musste aufgefrischt werden. In der Nähe des Einkaufscenters Zeil nahmen sich Mutter und Tochter an einem Tisch unter einem schönen Sonnenschirm in einem Café die Zeit, eine Tasse Cappuccino zu trinken und gemütlich eine Zigarette zu rauchen, oder drei, je nachdem wie gemütlich es wurde. „Der Mann da beobachtet dich, Sophie.", flüsterte Elisa ihrer Tochter zu und deutete mit den Augen nach links hinten. Ihre Tochter schaute schüchtern zurück. Es war ein sehr großer Mann, große Augen, große Nase, breites Grinsen. Ganz ihr Typ. Sophie lächelte schüchtern. Sie hatte zwar schon etliche Erfahrungen mit Männern machen können. Aber als Frau in der Öffentlichkeit, es war, als wäre sie wieder 16 Jahre jung und unschuldig. *„Wie sollte sie sich jetzt verhalten?"*, fragte sie sich und drehte sich wieder um. Er war weg.

Sophie bekam einen Anflug des Zweifels, als sie näher darüber nachdachte, wie dieser Fremde sie beobachtet hatte und dann plötzlich verschwunden war. Es war ihr zu allzu bekannt, wie sich Männer verhielten, wenn es nur um das Eine ging. Aber was war mit ihr? Obwohl Michelle ihr stets nahegelegt hatte, sich bei einem Psychologen beraten zu lassen, hatte sie es immer wieder verhindern können, sich einer fremden Person so zu öffnen, wie sie es gerne gewollt und vor allem auch gebraucht hätte. *„War es denn nun wirklich richtig, sich dafür entschieden zu haben?"*, fragte sich Sophie. „Es war richtig!", antwortete Elisa, als ob sie die Gedanken ihrer Tochter lesen könnte. „Egal, was du tust, es ist immer richtig – solange du es für dich tust, Sophie.", setzte Elisa ihren Rat fort und Sophie lächelte. „Ich muss noch einen Psychologen besuchen und mit ihm oder ihr darüber reden. Aber ich finde niemanden.", sagte Sophie und es fühlte sich wieder leichter an. Mit Elisa konnte Sophie über wirklich alles reden. „Wir finden schon jemanden. Vielleicht möchtest du jemand anderes fragen außer Michelle?", schlug Elisa vor und spielte absichtlich auf Sophies ehemals besten und engsten Freund an. „Nein, er studiert ja noch und ich möchte ihn nicht mit meinen Fragen belasten.", wich Sophie gekonnt aus und nahm einen Schluck ihres Cappuccinos. Elisa erwähnte es nicht wieder.

Es war keine Pflicht für Sophie, eine Psychologin aufzusuchen, aber sie wollte schon einmal erfahren, wie es ist, auf der aus dem Film bekannten Liege zu liegen, an die Decke zu starren und sein Leben in diesen Stunden einer Fremden zu offenbaren. Es sollte keine Pflicht sein. Dennoch kam es Sophie wie eine Pflichtübung auf dem Weg zur „vollwertigen" Frau vor.

> *Ja, was ist denn tatsächlich damit gemeint, eine **vollwertige Frau** zu sein? Das ist nur eine von irgendwelchen Leuten aufgebrachte Bezeichnung für etwas, was man selbst nicht versteht und verachtet. Man ist nicht weniger Frau, wenn man weniger Brust hat. Man ist auch nicht weniger Frau, wenn man mehr Muskeln hat. Man ist auch nicht weniger Frau, wenn im Gesicht mehr Haare wachsen. Man ist nicht weniger Frau, wenn die Beine nicht rasiert sind. Alles nur unnötiges Geschwätz von Leuten ohne Sinn und Verstand für Leute ohne Sinn und Verstand. Und von diesen Leuten gibt es allemal genügend. Sophie war in dem Körper eines Mannes gefangen. Ihre Seele, ihr Wesen, ihr Herz waren weiblich. Schon immer gewesen, und so würde es immer sein. Es ist nicht unnatürlich, seinen Gefühlen zu folgen und so zu sein, wie man ist. Also, was soll dieses Gespräch von wegen, vollwertige Frau?!*

Dennoch besuchte Sophie nunmehr diese eine Psychologin, Frau Dr. Brosius, eine junge große Frau mit toller blonder Mähne und einer äußerst wohltuenden Aura. Sophie war von ihrer Psychologin fasziniert und fand eine gute Zuhörerin und Ratgeberin. Nach den ersten Sitzungen wurden schon die ersten Tabletten zur Hormontherapie versucht. Die erste Woche war ganz angenehm. Die allgemeine Körperbehaarung ließ langsam nach, sie musste sich nicht mehr täglich rasieren. Aber dann fühlte sie sich nach der Einnahme der Tablette, immer für eine kurze Zeit, als müsste sie sich übergeben. Dies ließ sie natürlich überprüfen, denn der Rat einer erfahrenen Ärztin war Sophie wichtig. Wusste Frau Dr. Brosius überhaupt, was sie da verschrieb und welche Auswirkungen die Medikamente auf Sophies Körper hatten? Warum spannte ihre Brust so stark und warum war sie so oft gereizt? Sophies Gedanken drehten sich häufig nach der Einnahme nur um ihre geschlechtsprägenden Merkmale. Sie musste die Tabletten absetzen und neue ausprobieren. Die Nierenwerte wurden seit der Einnahme schlechter. Nachdem ein anderes Medikament verabreicht wurde, ging es Sophie auch direkt wieder besser, und die Hormontherapie schlug schneller an, als sie es sich jemals erhofft hatte. Der Herbst verging, und die Winterzeit brachte Unmengen Möglichkeiten, neue Männer kennenzulernen.

„Titten und einen Schwanz! So haben wir es gern!", sagte Sophie zu einem Typ im Bistro, der dann mit verzogener Miene den Abgang machte. Mit dieser direkten offensiven Art konnte Sophie immer erreichen, was sie wollte, und es war notwendig, denn der Typ war widerlich und ging ihr auf den Nerv. Es war die Woche vor Weihnachten, und Sophie wartete auf diesen Bruno. Mit ihm schrieb sie seit einem Monat. Sie musste innerlich lachen und dachte noch mal zurück, wie sie auf sein Profil auf diesem „Onlineportal für Transgender & Interessierte" aufmerksam geworden war. Sein Profiltext machte Sophie sauer. Er schrieb: „Es gibt keine romantischen Wesen mehr." Sophie war es ein Bedürfnis zu antworten und wies ihn daraufhin, dass er noch längst nicht alle Frauen kennengelernt habe, und eine solche Aussage nicht treffen könne. Er hatte kein

Foto von sich im Profilbild, aber er schien ganz anständig zu sein. *"195 cm groß? Ach du grüne Banane, der ist ein Kopf größer als ich"*, staunte Sophie, die mit ihren 178 cm schon eine große Frau war. *Also da wird es doch interessant.* Auf jeden Fall hackte Sophie lange auf Bruno im Chat herum, bis er nur noch „piepste" und sie um ein persönliches Treffen bat. Schließlich fand er ihr Bild im Profil wunderschön. Also hatten sie ein wenig hin und her geschrieben und sich für den heutigen Abend verabredet. Einfaches Abendessen nach einem Einkaufsbummel für Weihnachten. Schaden konnte es nicht, jemand Neues in sein Leben zu lassen, dachte sich Sophie und nahm einen weiteren Schluck ihres Kaffees.

Bruno war ein wenig unpünktlich. Das lag wohl daran, dass er noch nie in Rodgau war und aus Wiesbaden stammte und mit dem Zug angereist kam. Der Elektronikmeister hatte ein markantes Gesicht, hohe Wangenknochen, einen breiten Mund und große Augen, genauso wie es sich Sophie vorgestellt hatte. Er hatte unglaublich breite Schultern und muskulöse Oberarme, aber ansonsten war er schlank und teilweise knochig. Sie aßen gemeinsam in einem schicken kleinen indischen Restaurant und unterhielten sich über Gott und die Welt. Eher weniger über Gott, aber die Welt und die Gefühle und die Probleme und die Schmach und alles, was das Leben hart, aber lebenswert macht. Während des Hauptgangs war Sophie erstaunt, wie viel der große Bruno essen konnte. Er hatte sich eine Zwei-Personen-Fleischplatte bestellt, wohingegen Sophie nur eine kleine Portion Hühnchen hatte. Bruno erzählte ihr, dass er essen konnte, so viel er wollte, und nur ganz schwer zunehme. Sie hingegen nahm bereits zu, wenn sie nur an ein Stück Torte dachte. Sie schauten sich lange in die Augen, und Sophie spürte tief in ihrem Inneren, dass dieser Augenblick ganz besonders war und dass sie Glück hatte.

„Wenn das mal nicht romantisch anfängt, dann kann ich mir auch nicht erklären, was das ist.", sagte Sophie, die neben dem fast 2 Meter großen Bruno klein aussah und schaute ihn hoffnungsvoll an. Bruno, der eher ruhig und zurückhaltend war, schaute zurück. Die Zeit blieb stehen. *„Noch eine Woche bis Weihnachten und ich habe mein Geschenk jetzt schon fast geöffnet"*, dachte Sophie, die im ersten Kuss versank. Sie hatte alles gefunden was sie suchte, sich selbst als Frau und jetzt die große Liebe. Nur noch einige fachärztliche Gutachten, um die Operationen von der Krankenkasse genehmigt zu bekommen, und sie wäre die glücklichste Frau der Welt. „Willst du zwischen Weihnachten und Silvester zu mir kommen?", fragte Bruno, nachdem er sich von ihrem Kuss sanft gelöst hatte und die Hitze kaum noch ertragen konnte, obwohl es schneite. „Ja, gern. Gib mir deine Adresse und Kontonummer mit PIN.", scherzte Sophie, und die beiden küssten sich wieder. Noch nie hatte Sophie einen Mann geküsst, der viel größer als sie war. Und noch nie hatte ein Kuss solche gewaltigen Gefühle ausgelöst. Und noch nie hatte sie ihren linken Fuß gehoben, als sie geküsst wurde. Es war der **erste Kuss**, der wahre, echte erste Kuss. Bruno brachte Sophie bis zu ihrer Straße im Stadtviertel von Rodgau. Dann küssten sie sich zum Abschied und Sophie schaute ihm noch eine Weile nach, als er sich fußläufig auf den Weg zum Bahnhof machte. Bruno hatte eine Wohnung in Wiesbaden, nicht sehr weit weg, aber dennoch ein Stückchen zu fahren. Er fuhr an diesem Abend mit dem Zug, da es schneite und die Straßen glatt waren und er nicht die besten Augen im Dunkeln hatte.

„Ich habe mich verlaufen.", sagte Bruno mit zittriger Stimme, als Sophie endlich ans Telefon ging und ihn zuerst gar nicht erkannte. „Wo bist du denn?", fragte sie und musste sich gleich im selben Moment an die Stirn klatschen. „Kannst du beschreiben, was um dich herum gerade zu sehen ist?", fragte sie ihn, um genügend Informationen zu bekommen, um seinen genauen Standort ermitteln zu können. „Ich stehe vor einem Motorradzubehörgeschäft, Cup. Da steht dran: „Bin in Urlaub ihr Scheißkerle!" Bruno las das Schild des Ladens vor und musste lachen. „Ich weiß, wo es ist, ich hole dich ab.", sagte Sophie und sprang vom Bett. Sie war längst abgeschminkt, die Haarsträhnen abgemacht, die Figur nicht im straffenden Body und im Schlafanzug. Dafür war keine Zeit mehr, dachte sich Sophie, nahm die Autoschlüssel ihres Vaters und fuhr, nur mit Bademantel und Plüschhausschuhen, ungeschminkt und ohne Papiere, los, um ihren Mann aus der Eiseskälte zu retten. Fünfzehn Minuten später war Sophie beim Zubehörgeschäft und gabelte den halb erfrorenen Bruno auf. „Wie hast du es geschafft, den Bahnhof zu verpassen?", fragte sie ihn, während sie wendete und in Richtung Bahnhof fuhr. Bruno schaute sie an. Er lächelte. „Was ist los? Bekomme ich eine Antwort?", fragte sie ihn schon fast genervt. „Ich bin wohl eine falsche Straße abgebogen. Du bist so wunderschön.", antwortete er ihr und Sophie lief rot an. Sie hielt am Bahnhof an und betrachtete den halb erfrorenen Bruno, der sie mit verliebten Augen anschaute. „Du siehst, dass ich gerade ganz ohne alles bin und findest mich immer noch wunderschön?", fragte sie ihn ungläubig. Er rückte vor und küsste sie intensiv mit Zunge. Dann berührte er mit seiner großen Hand ihre linke Brust, und Sophie erschrak und ließ den Kuss los. „Habe ich was falsch gemacht?", fragte Bruno, und Sophie lächelte. „Es ist alles gut. Ich verliebe mich nur gerade in dich.", flüsterte sie. Die beiden blieben noch eine Weile sitzen und betrachteten sich gegenseitig, bis dann Brunos Zug ankam und er sie verlassen musste. Er rannte zum Bahnsteig und winkte ihr fröhlich Goodbye.

Es war Silvester 2010. Sophie fühlte sich immer noch wie beim allerersten Mal. Das Kribbeln im Bauch – oder war es Champagner? – die fröhlichen Gesichter der feiernden Freunde, die sie noch nicht lange kannte, und alles war so „neu". Bruno hatte sie mit zu Freunden genommen. Sie fand sich dann in einer kleinen Gruppe schlanker Frauen auf dem Balkon des Anwesens wieder. Noch 12 Minuten bis zum Jahreswechsel, das bedeutete, die Gläser noch mal füllen und für in 12 Minuten wieder leere Gläser haben. Die Frauen lachten über einen Scherz, den Sophie nicht verstand und sie lächelte nur mit, ohne Ton. Den ganzen Abend traute sich Sophie nicht, überhaupt ein Wort zu sagen. Schließlich war ihre Stimme durch den Stimmbruch nicht gerade hell. Auch nickte sie nur oder schüttelte den Kopf. Es war sehr ungewohnt und erschreckend neu für sie, als Sophie unter Menschen zu sein, die sie nicht einmal kannte und noch nie zuvor gesehen hatte. Aber sie war von Bruno eingeladen worden. *„Wo war der Mann eigentlich?"*, fragte sie sich. Es waren nur noch 2 Minuten bis Mitternacht. Die Frauen, mit denen Sophie auf dem Balkon stand, verschwanden auch nach und nach, bis nur noch eine, Sabine oder so, bei ihr stand und ihren dünnen Arm um sie legte. Sabine oder so lehnte sich an Sophie an und drehte sie unauffällig von der Balkontür weg, sodass beide in den Garten des Anwesens schauten.

Unten waren einige Männer, die Sophie mit Bruno auf der Silvesterparty zusammen gesehen hatte. „Gleich machen die da unten ein Feuerwerk.", sagte Sabine oder so und nahm eine Fotokamera raus. Sophie lächelte still und beobachtete weiter die Männer, die unten im Garten einige Kisten aufbauten und Raketen vorbereiteten. Einen kurzen Moment hat Sophie an Hoang, Ruben und Walter denken müssen. Dann ging auch schon das Feuerwerk los. 01.01.2011! Ein Datum, das Sophie nicht so schnell vergessen wollte. Sie stieß mit Sabine oder so an und nahm einen Schluck ihres Champagners. Dann ließ Sophie Sabine oder so allein und ging zurück ins Haus, wo alle anstießen und sich die besten Wünsche für das neue Jahr aussprachen. Sie ging in den Flur, dort wünschten sich ebenfalls alle Leute gegenseitig ein gutes neues Jahr. Plötzlich fühlte sich Sophie äußerst fremd unter den vielen Gästen in diesem großen Haus. Sie wusste plötzlich nicht mehr, wo genau sie war. In Wiesbaden, in einem Haus eines Freundes ihres Freundes. Ihr Freund, Bruno, wo war er eigentlich? Sophie suchte ihn unter den ganzen feiernden Leuten und ging in den Garten, an den vielen fröhlichen, sich gegenseitig umarmenden Menschen vorbei.

Dort angekommen suchte Sophie nach einer Möglichkeit, sich zu setzen. Die hohen Schuhe verlangten ihren Füßen alles ab. Sophie trug ein dunkelrotes Abendkleid über dem Body, der die noch vorhandenen Körperteile ihres früheren Lebens verdeckte. Darüber hatte sie eine Samtbluse in Dunkelblau, und in den Haaren trug sie clever in einen modischen Anstecker gesteckte falsche Haare. Sie wusste noch, dass sie sich wunderschön fand und sich wagen wollte, unter Menschen zu gehen. Einer der Männer, der beim Raketenschießen eine kleine Pause einlegte, entdeckte Sophie und lächelte ihr zu. Sie lächelte nett zurück, aber er war nicht Bruno. Sophie fand auch endlich eine Sitzgelegenheit und lehnte sich auf die Steinbank. Sie machte sich eine Zigarette an und beobachtete mit erhobenem Glas die jungen Männer beim Raketenschießen. Ihre Zigarette ließ sie plötzlich fallen. Hinter den Rauchwolken sah Sophie dann Bruno mit einigen Leuten stehen und einen riesigen Strauß Rosen auf den Armen. Der Mann trat zielsicher vor und kam auf Sophie zu.

„Ich weiß, es ist noch sehr früh. Ich weiß, es ist erst 2011. Aber ich möchte nicht länger warten, und ich will dich fragen: Willst du mich heiraten?" Er ging auf die Knie, reichte ihr den riesigen Strauß Rosen und hielt ihr einen Diamantring entgegen. Was anderes als JA konnte Sophie nicht sagen. Sie hatte Tränen in den Augen. Sie nahm den Strauß entgegen und hielt Bruno ihre Hand hin. „Ist Sophie ein Kerl?", hörte sie jemand hinter sich tuscheln. Den ganzen Abend hatte sie bei diesen Frauen gestanden, kein Wort gesagt, und jetzt auf einmal war alles ganz anders. Es gehörte nur dieses eine Wort dazu, um alles um sich herum zu ruinieren und ins Chaos zu stürzen. „Es ist mir egal, **ob SIE ein ER, eine SIE oder ein ES** ist. Sie ist alles für mich!", verteidigte Bruno seine Verlobte und stellte sich vor die einerseits verwirrten und andererseits herablassenden Leute der Feier. So langsam bildete sich ein Mob aus verwirrten, verkorksten und verstörten Leuten, die von nichts eine Ahnung hatten, aber trotzdem mit ihren Steinen werfen wollten. Sophie wollte keine Streitereien auf der Neujahresfeier und erst recht keine Streitereien auf ihrer Verlobung. „Ich bin eine Transgenderfrau. Find dich zurecht!", sagte sie zu der Frau, die mit ihrem dürren Finger auf Sophie zeigte und sie nur allein mit ihrem hasserfüllten Blick verurteilte. Noch mehr Leute kamen in den Garten und das Ganze schien Sophie über den Kopf zu wachsen. Bruno nahm sie an die Hand, sah ihr in die Augen und lächelte. Dann rannten beide davon und verließen als glücklichstes Paar 2011 die Feier. Im Radio lief „A Whole New World!", und genauso wie Disneys Prinzessin Jasmin schwebte Sophie über den Wolken.

Es waren jetzt 5 Jahre vergangen, seit Sophie die letzte Nachricht schrieb und Hoang aus ihrem Leben verbannt hatte. *„Was er wohl macht? Ist er jetzt auch Transgender?"*, fragte sich Sophie und versuchte, Hoang auf Facebook zu finden. Nichts. Sie schaute runter an das Tischbein und sah dort Fuzzy, ihren braun-grau gestreiften Kater. „Möchtest du was Kleines naschen, Fuzzy?", fragte Sophie und hielt ihre Hand mit den lackierten Fingernägeln in seine Nähe. Der Kater schnurrte nur und wandte sich ab.

> *Als ob ich jetzt was essen will. Ich bin ein fetter notgeiler Kater, der zum Glück noch seine dicken Eier mit sich tragen darf. Du bist ja zum Glück zu faul, mich kastrieren zu lassen. Weißt du überhaupt, wie vielen Kindern ich zum Unterhalt verpflichtet bin? Wenn ich was brauche, sage ich dir Bescheid. In der Zeit lecke ich mir einfach meine dicken Eier, bevor sie platzen.*

„Bruno!", rief Sophie ihren Ehemann, mit dem sie seit 3 Jahren verheiratet war und der mit ihr noch immer diesen Weg zur Frau geht. „Ja?", antwortete er aus der Küche. „Fuzzy braucht was zum Essen. Der fette Kater leckt sich schon wieder die Eier!", rief sie und zog an der Zigarette. Ihr Ehemann kam ins Wohnzimmer, wo Sophie mit übereinander geschlagenen Beinen auf der Couch saß und erneut an ihrer Zigarette zog. Sie hatte sich heute auffällig geschminkt, in der Hoffnung, mit Hoang vielleicht irgendwie Kontakt aufnehmen zu können. Und auch um neue Bilder für ihr Facebook-Profil zu machen. Im Gegensatz zu Sophie war Bruno dünn und knochig. Er aß doppelt so viel wie sie und nahm kein Gramm zu. Sophie hasste ihn manchmal dafür.

> *Ja, du dürrer alter Sack mit dem Dödel eines Elefanten schmachtest meine Mama wieder an. Kannst du denn mir nicht irgendwie eine Tusse besorgen, der ich es besorgen kann? Meine Eier platzen bald. Ach, scheiß drauf – die beiden Menschen sind doch zu nichts zu gebrauchen. Ich geh mal cruisen.*

„Oh, jetzt ist er einfach aus dem Fenster!", sagte Bruno, der sich nicht einen Meter rührte, um den Kater am Freigang zu hindern. „Schatz, es ist schon 20 Uhr, hast du deine Hormone genommen?", fragte Bruno seine Frau, die ihn mit schmalen bösen Augen ansah. Sie hatte schöne grüne Augen. „Ich bin kein kleines Baby, Schatz. Aber bring mir bitte meine Pille. Ich will ja nicht vom Lutschen schwanger werden. So eine Halsgeburt ist heutzutage echt nicht mehr modern.", scherzte Sophie und zog wieder an ihrer Zigarette. Dann klingelte das Telefon. Bruno hob ab und hörte der Stimme zu. Seine Gesichtsfarbe wurde von bleich zu weiß. Er nickte und antwortete: „Ja, bis gleich." – „Was ist denn jetzt, bekomm ich meinen Blowjob oder nicht?", fragte Sophie ungeduldig und wollte Bruno schon an die Hose gehen. „Nein, Schatz, das war Schwiegervater. Mutter ist ins Krankenhaus eingeliefert worden.", antwortete er ihr ernsthaft, und sie schlug die Hände vor den Mund.

Sophie erinnerte sich, wie schwer es ihr selbst fiel, vor zwei Jahren ins Krankenhaus zu gehen und nur die Brüste machen zu lassen. Sie hatte Angst vor der Operation. Mindestens fünf Mal war sie bei diesem Chirurgen, hatte sich immer wieder anders entschieden und mit dem Mann wegen Größe und Form diskutiert. Dann kam plötzlich das Schreiben der Krankenkasse, dass diese die Operation nicht übernehmen würde. Schon wieder Papierkram, der so unnötig war, wie einen Hahn als Bruthenne zu gebrauchen. Sophie musste sogar vor das Sozialgericht ziehen, um die Freigabe zu erzielen. Der Rechtsanwalt, der ihr den Freipass erkämpfte, erinnerte sie damals sehr an Hoang, nur größer und dicker. Aber jetzt war wieder Zeit fürs Krankenhaus. Keine Zeit für Erinnerungen. Keine zwanzig Minuten später waren sie im Krankenhaus in Hanau angekommen. Die Mutter war noch in der Notaufnahme, und die Krankenschwestern ließen Sophie und Bruno nicht hinein. Dann trafen sie auf Sophies Vater, der Sophie ignorierte und allein mit Bruno sprach. Das Verhältnis zwischen Vater und Tochter war schon immer nicht gut. Damals, in der Jugend von Sophie, als sie noch als David lebte, war der Vater bereits gegen die Homosexualität. Jetzt, wo sie als Transgender lebt, war das Verhältnis noch schlechter geworden. „Es gibt nur eine Tochter für mich, und das ist Natalie!", schimpfte der Vater damals, als Sophie sich ihm offenbarte. Natalie war die ältere Schwester, eine Tu-nicht-gut, aber eben die Tochter. Auch hier war das Verhältnis zwischen Natalie und Sophie eher von Hass erfüllt als von Liebe. Sophie hatte mit den Tränen und Umständen schwer zu kämpfen und setzte sich erst einmal auf einen Stuhl.

Nach etwa einer Stunde im Wartebereich kam dann eine Ärztin auf die Familie zu. Sophie stand auf und sah die Frau mit erwartungsvollen Augen an. Erwartungsvoll und voller Angst. Die Ärztin ging auf den Vater zu und gab ihm die Hand. „Ich bin Dr. Scherer, möchten wir uns setzen?", fragte die Ärztin, und alle setzten sich hin.
Dr. Scherer: „Herr Steifer, ihre Ehefrau Elisa leidet an Lungenkrebs im vierten Stadium. Dieses ist nur noch mit Chemotherapie und Operationen behandelbar."
Sophie: „Oh mein Gott!" (Sie brach in Tränen aus)
Vater: „Wie geht es weiter?" Seine Stimme klang emotionslos und kalt.
Dr. Scherer: „Ich werde Frau Steifer nach Frankfurt ins St. Hubertus überweisen lassen. Dort gibt es Spezialisten, die gut für Ihre Frau sorgen werden."

Damit verabschiedete sich Dr. Scherer von der Familie. Sophie lag in Tränen versunken in den Armen ihres Ehemannes. Der Vater stand auf und ging davon. Er war eiskalt. Als hätte man seine Seele vor langer Zeit genommen und festgefroren. Kein einziges Wort sagte Vater zu seiner *Tochter*. Sophie fühlte sich allein. Sie hatte große Angst um ihre Mutter, die einzige Person, die ihr immer zuhörte und alles für richtig hielt. Außer die eine Sache mit Hoang, das wollte Mama Elisa nicht verstehen.

Einige Wochen später konnte Sophie endlich Zeit finden, ihre Mutter in Frankfurt am Main im St. Hubertus-Krankenhaus zu besuchen. Sie kam ins Krankenzimmer und hielt einen großen Strauß Blumen bei sich, die ihre Mutter immer gern mochte. Elisa schlief. Sophie gab ihr einen Kuss auf die Wange, wodurch ihre Mutter aufwachte und sie anlächelte. „Hallo Mama. Wie geht es dir?", fragte Sophie erleichtert und dennoch ängstlich. „Sophie! Ich habe ganz tolle Nachrichten für dich.", sagte ihre Mutter strahlend. „Kann der Krebs besiegt werden?", fragte Sophie voller Zuversicht. Die Mutter schüttelte den Kopf und Sophie musste sich hinsetzen. „Was ist es dann?", wollte sie wissen, und Tränen schossen in ihre Augen. „Du wirst nicht glauben, wer mein Arzt ist." Die Tür öffnete sich und eine Gruppe junger Assistenzärzte kam mit ihrem Oberarzt, einem attraktiven älteren Mann, ins Zimmer. Darunter war er – Hoang Tran. Sophie glaubte ihren Augen kaum, und sie weinte bittere Tränen. Sie stand auf und stöckelte mit ihren High Heels rüber zu dem kleinen Asiaten. Dann nahm sie ihn weinend in den Arm und flüsterte „Danke.".

KAPITEL 4
How Much Does This Weight?

19.08.2016

Hoang Tran

„Ich habe Angst, Hoang!", stotterte Herbert am Telefon, und Hoang wusste nicht, wie er antworten sollte. Vorgestern war Herbert von Hoangs bestem Freund in seinem Haus bewusstlos aufgefunden und ins Krankenhaus gebracht worden. In Gedanken blickte Hoang zum letzten Winter zurück, wie er Herbert das erste Mal gesehen hatte. Herbert stand an seinem Motorrad, die Arme überkreuzt, muskulös, bärig und lächelnd. Der Schnauzbart war zwar widerlich, aber dieses Lächeln, diese treudoofen Augen machten Herbert dennoch äußerst attraktiv, jedenfalls für Hoang. Hoang war seit 2 Jahren wieder Single, die letzte Beziehung hatte dramatisch geendet und ihm schwer zugesetzt. Immer wieder haben ihm diese großen blonden, gutaussehenden Männer wehgetan und ihn unterdrückt. Oder es waren andere große Männer, alle stark und gut aussehend. Und der letzte, Tarkan, war noch besonders schön – und starb in Hoangs Armen. Dann stand Herbert da, lächelnd, an sein Motorrad gelehnt, die Arme überkreuzt – und das Lächeln galt Hoang.

> *Backstory, Teil 1:*
> *Hoang war kein schüchterner junger Mann. Er war in einer großen Familie aufgewachsen, hatte drei Geschwister, eine Schwester und zwei Brüder. Hoang war das dritte Kind. Der im Frühling, am 12.03.1987, geborene Asiate hatte eine schöne Kindheit und viele Freunde, die kamen und gingen. In der weiterführenden*

Schule lernte er David kennen, mit dem Hoang aufwuchs, und das große Abenteuer LEBEN begann. David wurde sein bester Freund. Sie teilten außerordentlich viele Interessen. Zu zweit waren sie unschlagbar – und keiner der beiden wurde zu Schulzeiten jemals zum Opfer der beliebteren Kids oder ähnlichen. Sie hatten eine tolle Pubertät. Bis David sich entschloss, die Schule für eine Ausbildung als Koch zu verlassen. Hoang wurde dann von den anderen Schülern als Streber abgestempelt – nicht als Schwuchtel, denn das hübscheste Mädchen der Klasse hatte sich mit ihm angefreundet und allen erzählt, dass er ihr Freund sei. Anna wollte sich damit vor den Jungs schützen, denn sie wollte Ärztin werden und sich auf die Schule konzentrieren. Aber ohne David war es nicht so schön zu lernen und seine Ziele zu verfolgen.

„Ich liebe dich.", rutschte es Hoang raus. Er hörte, wie Herbert am Telefon schluckte und in Tränen ausbrach. Herbert wurde vor wenigen Tagen ins Krankenhaus eingeliefert und musste an diesem Abend operiert werden. Er hatte Schmerzen in den Hoden, und im Urin war Blut. Die Diagnose war Hodenkrebs. Hoang bereute es lediglich eine Sekunde, die drei Worte gesagt zu haben. Eigentlich wollte er das nicht am Telefon sagen. Eigentlich wollte er es zurückhalten. „Du liebst mich?", stotterte Herbert und seine Angst schwand. „Ich habe so lange darauf gewartet. Du bist so gut zu mir.", sagte Herbert, der schon länger die drei Worte zu Hoang sagte, weil Hoang ihn schon immer begeistert hatte. Hoang war mit diesen Worten viel vorsichtiger, nachdem er von Paul jahrelang unterdrückt und regelrecht eingesperrt worden war und danach diesen drogenabhängigen Tarkan retten wollte, um dann doch noch mitzuerleben, wie der Traum innerhalb kurzer Minuten zerplatzte und Hoang in einer Lache aus Blut und Erbrochenem einen weiteren Teil seines Lebens mitverlor. In der Zeit mit Paul verlor Hoang jedes Gefühl der Lebensfreude. Er mochte es, auszugehen, Freunde zu sehen, zu tanzen und zu lachen. Lediglich für die Universität konnte Hoang die Wohnung verlassen. Mit

Abschluss des Studiums hatte sich Hoang auch endlich getraut, sich von Paul zu trennen. Dennoch kostete es ihn viel Zeit, bis er sich wieder an ein Date herantraute. Während der Assistenzarztausbildung hatte Hoang dann Tarkan als Patienten kennengelernt. Er war furchtbar gutaussehend, war groß und nett und fröhlich, und er hatte Träume. Aber er war krank und süchtig. Und dann kam Herbert.

Backstory, Teil 2:
Nachdem Hoang und Anna das Abitur geschafft hatten, Anna war um 0,3 Punkte besser als er, wollten die beiden gemeinsam studieren. Jedoch verliebte sich Anna in einen Typen, der sie dazu brachte, mit ihm nach Hamburg zu gehen und dort zu studieren. Nach einigen Monaten Briefeschreiben und Telefonieren verschwand Anna von der Bildfläche. Hoang war allein. Um sich sein Studium zu finanzieren, gab Hoang Nachhilfe für Abiturienten. Er hatte noch Kontakt zu David, der aber die Ausbildung abgebrochen hatte und wieder die Schulbank drückte. Und mit Walter konnte er auch nicht viel unternehmen, denn dieser studierte selbst und hatte nur wenig Zeit. Es war einfach nicht so wie früher. Hoang war Medizinstudent, und seine Zeit war begrenzt. David und Hoang trafen sich manchmal an Wochenenden und erzählten sich von ihren Erfahrungen mit Schule und Universität. Auch lernte Hoang Ruben kennen, der einer seiner Nachhilfeschüler war und sich dem kleinen Asiaten anvertraute. Ruben war ein übergewichtiger Tollpatsch mit großem Herzen, aber auch vielen Ängsten. Trotzdem war es nicht das Gleiche wie mit David zu Schulzeiten. Eines Tages hatten dann David und Hoang einen großen Streit. So groß, dass David Hoang aus dessen Leben ausschloss, denn es war für David unverständlich, dass Hoang nicht so war wie er. Hoang war ein junger Mann. Ein junger Mann, der Mann bleiben wollte. Und auf dem Campus arbeitete dieser Gärtner, der Hoang schöne Augen machte, Paul.

Hoang war für Herbert nicht irgendein Mann, er war für ihn ein Wunder. Herbert hatte noch nie einen so fröhlichen und positiv gestimmten Menschen getroffen. Egal was gewesen war, Hoang konnte das Gute daraus ziehen und es auf eine Weise darstellen, dass Herbert das Gefühl hatte, alles sei Gold und schön. Hoang selbst war nicht so von sich überzeugt, wie Herbert es immer von ihm war. Hoang war dünn, schmächtig – gerade 1,60 m klein, und hatte eine dicke Brille auf der dicken Nase sitzen. Aber Herbert fand das schön, trotz der Vorgeschichte, die Hoang ihm erzählte. Herbert versuchte so viel Zeit wie möglich mit Hoang zu verbringen, denn der Mediziner war ständig im Krankenhaus auf Abruf, und das kleine Haus, in welchem er lebte, brauchte unbedingt jemanden, der dort regelmäßig aufräumte. Bis dann Ruben, Hoangs bester Freund zur Überbrückung einzog, hielt Herbert das Haus, so wie er es für richtig hielt, sauber. Er lebte jedoch noch in seiner eigenen Wohnung über seinem Zubehörgeschäft. Es war ein Bungalow, welcher hinter dem Geschäft anschloss und entweder nur über den Laden oder eine Einfahrt in der Seitenstraße erreichbar war.

Hoang im Herbst 2014:
Ich bin stark. Aber mein Herz ist gebrochen. Du hast mir alles genommen. Meine Freude am Leben. Meine Freunde reden nicht mehr mit mir. Sie sind plötzlich alle weggezogen. Ich fühle mich so allein. Du tust mir nicht gut. Wie soll ich wieder lachen können? Ich habe so gerne getanzt. Ich habe so gerne Musik gehört. Alles, was mir bleibt, ist dieser Titel: Dr. Tran. Ich bin stark. Ich habe mich übertroffen, aber ich kann das mit niemandem mehr teilen, weil keiner mehr da ist. (Hoang deckte sodann das Gesicht des verstorbenen Tarkan ab.)

„Ich muss gleich in den OP. Wir sprechen uns morgen Abend?", fragte Herbert, der seinen Mut gefasst hatte und dem Krankenpfleger zunickte. „Ja, wir sprechen uns morgen nach meiner Arbeit.", sagte Hoang und legte auf. *„Ich habe schon wieder vergessen ‚Tschüss'* *zu sagen.*", dachte Hoang noch und begab sich ins Schlafzimmer. Er musste diese kleine Hündin erst vom Bett verscheuchen, bevor er sich auf seine Seite legen konnte. Herbert hatte drei Hunde, in Treppenstufengröße, *mini*, *klein-medium* und *groß*. Die Hunde hießen auch so, Mini, Klein-Medium und Groß. Hoang liebte Hunde, aber Mini konnte er irgendwie nicht leiden. Es lag wohl daran, dass Mini vom Vorbesitzer äußerst schlecht erzogen worden war und die Erziehung von Herbert die Sache nicht besserte. Mini war ein Chihuahua und hatte die Angewohnheit, zu pinkeln, wo sie wollte, auf Hoangs Bettseite zu schlafen und ihre borstigen Haare in seinem Kopfkissen zu hinterlassen. Klein-Medium, der Rehpinscher, war nicht viel besser erzogen. Der einzige Rüde unter Herberts Hunden war noch weit undichter als Mini, und schon oft trat Hoang in dessen Pfützen, wenn er vom Einkauf zurückkam. Warum seine Liebe zu Herbert, ihn dass alles ertragen lassen konnte, wusste er selbst nicht. Jedenfalls war Groß, die Husky-Hündin, gut erzogen. Ruben, Hoangs bester Freund, zog an diesem Abend in seine eigene Wohnung in der Stadtmitte. Das Haus war – bis auf Klein-Mediums Bellen – still. Viel zu still. Hoang machte Musik an, die Gartentür auf, damit die Hunde rauskonnten, und begann im Haus für sich allein zu tanzen.

Hoang Anfang 2015:
Habe ich jetzt nur noch die Arbeit und meine Arbeitskollegen? Abends hänge ich im Internet, und niemand schreibt mich an. Ich bin doch nicht hässlich. Okay, ich bin so dünn, viel zu dünn. Ich wiege nur 45 kg. Meine Haare sind auch nicht mehr schön. Die Brille sieht grauenhaft aus. Wie soll ich das ändern? Vielleicht sollte ich meine Arbeitskollegen fragen, ob sie mit mir ausgehen möchten? (Jedes Mal, wenn er in den Umkleideraum trat, war es still geworden, und keiner sprach mit ihm, keiner sah ihn an, einige nickten nur zum Gruß. Er war für die meisten Leute einfach nur der Arzt, der alles wusste, und war ansonsten unsichtbar.)

Herbert lag nur zwei Tage nach der Operation im Krankenhaus und kehrte schon wieder zurück. Er wollte unbedingt wieder arbeiten gehen, um Hoang etwas Schönes zu kaufen. Herbert wusste noch, wie Hoang so von dieser Gurttasche schwärmte. „Die mit dem *Fairytail*-Logo gefällt mir.", sagte Hoang und zeigte Herbert die Tasche. Diese Tasche musste Herbert Hoang kaufen, koste sie, was sie wolle. Hoang hat diese Tasche bis heute nicht bekommen. Dies lag daran, dass Herbert, obwohl er wieder arbeitete, er führte ein eigenes Geschäft, in dem er Motorradartikel und Zubehör verkaufte, öfter vergaß, was er eigentlich vorhatte. Es verging auch noch nicht einmal eine Woche, als Herbert wieder ins Krankenhaus musste, nachdem er vor seinem Geschäft mit Brustschmerzen zusammengebrochen war. Die Teilzeitmitarbeiterin des Zubehörladens, Frau Finkler, hatte den Krankenwagen und danach direkt Hoang angerufen. Herbert war gerade 29 Jahre alt, ein Rocker und nicht unsportlich – und hatte einen Herzinfarkt.

> *Hoang, kurz vor Weihnachten im Jahr 2015:*
> *Ich habe schon so lange nichts mehr von Ruben gehört. Ist er immer noch in Stuttgart? Ist er immer noch mit Ahmet zusammen? Ich schreibe ihm nachher eine Nachricht auf Facebook. Gestern habe ich diesen Rocker das erste Mal gesehen. Er war nett. Seine Zähne waren zwar grauenhaft schlecht, aber er war nett. Er hatte sein eigenes Zubehörgeschäft für Motorradzeug. Ich kann damit nichts anfangen. Doch Herbert war nett. Eine Woche älter als Paul und ein ganz anderer Charakter. Er war freundlich, zuvorkommend und konnte über alles lachen, worüber ich scherzte. Ich glaube, ich verliebe mich in ihn.*

Hoang, der im St. Hubertus-Krankenhaus als Facharzt für Onkologie arbeitete, verließ seine Station und begab sich zur Notaufnahme. Die Leitende Ärztin schickte ihn jedoch weg, als Herbert eingeliefert wurde. Er war bewusstlos und Hoang sank das Herz in die Knie. Er wusste, dass Herbert öfter krank wurde als andere Menschen. Aber ein Herzinfarkt mit 29 Jahren, das konnte Hoang sich nicht erklären. Widerwillig begab er sich zurück auf die Station und arbeitete weiter. Doch sich auf die Patienten konzentrieren fiel ihm besonders schwer an diesem Tag im September.

Hoang:
Es ist so schwierig für mich, jemanden zu finden, der sich für mich als Mensch interessiert. Ich bin doch nur ein Asiate. Ich bin kein Alien. Warum werde ich so angesehen, als wäre ich was Furchtbares? Als wäre ich unsichtbar? Mir gefallen viele Männer. Aber diese Männer sehen mich nicht. Habe ich eine dunkle Aura, oder warum bin ich nicht so begehrt?

Hoang im November 2015:
Ich habe es geschafft, wieder einen Freundeskreis aufzubauen. Ich habe es endlich geschafft, wieder Kontakt zu fast allen aufzubauen. Walter hat seit 3 Jahren einen Partner, Marvin. Er scheint in Berlin sehr glücklich zu sein. Ich freue mich so für ihn. Ich lerne in einigen Tagen diesen Herbert endlich kennen. Er ist so nett im Chat. Sophie hat geheiratet, sie ist auch glücklich. Ich freue mich so für sie. Ruben ist auch glücklich mit Ahmet. Sie haben sich eine Wohnung gekauft. Ich freue mich so für ihn. Darf ich mich darüber freuen, selbst glücklich zu werden? Ist das jetzt die Chance, auf die ich so lange gewartet habe?

Einige Stunden später konnte Hoang zu Herbert ins Zimmer. Es stellte sich heraus, dass es kein Herzinfarkt war, sondern lediglich ein starker Krampf. Nichtsdestotrotz forderte Hoang, dass Herbert mindestens eine Nacht im Krankenhaus verblieb, denn dieser wollte sich bereits anziehen und mit Hoang das Krankenhaus verlassen. Widerwillig blieb Herbert im Krankenhaus über Nacht. Am nächsten Tag, als Hoang Herbert besuchen wollte, sagte ihm die Schwester, dass dieser bereits letzte Nacht *ausgecheckt* habe. „Er müsse arbeiten!", erzählte die Schwester dem Onkologen, der sodann wutentbrannt die Station verließ und sein Telefon hervorholte. Kein Klingelzeichen. Hoang verließ das Krankenhaus und fuhr zu Herbert nach Hause.

Herbert Cup

Herbert fand ein schönes kleines Geschäft, wo er etwas Tolles für Hoang kaufen konnte. Er wollte was ganz Besonderes machen. Deshalb hatte er nach einem Geschäft gesucht, wo es ganz spezielle Ware zu kaufen gab. Der Verkäufer war nett. Ein Inder mit Vollbart und einem leichten femininen Touch. Herbert schaute sich mit dem Verkäufer ein Katalog an und fand das passende Geschenk für seinen Hoang. Es musste bestellt werden, sodass er den Bestellschein nach Zahlung in seiner Jacke aufbewahrte, die Hoang ihm damals gekauft hatte.

> *Hoang vor drei Tagen:*
> *Wie konnte Herbert mich sehen? Er wurde immer seltsamer, begann Alkohol zu trinken. Er versprach mir schöne Dinge – die ich nie bekam. Stattdessen musste ich ihm mit Geld aushelfen. Was war mit ihm los? Bin ich nur ein Geldbeutel für ihn? Nein, er hat selbst genügend Geld.*

Mit seinem Schlüssel öffnete Hoang die Tür, es war niemand anwesend. Auch die drei Hunde waren nicht da. Also schloss er wieder ab und fuhr zu sich nach Hause. Auch hier war niemand. Hoang wählte wieder Herberts Nummer. Ein Klingelzeichen, *„Na endlich! Jetzt bekommt er was zu hören!"*, ein zweites Klingelzeichen. Dann wurde abgehoben. Eine weibliche Stimme grüßte mit „PI Friedrich, guten Tag. Mit wem spreche ich da?".
Hoang: „Guten Tag? Hier spricht Dr. Tran. Das ist doch die Telefonnummer von Herrn Cup?"
PI Friedrich: „Ja, das ist richtig. Sind Sie die Ärztin von Herrn Cup?"
Hoang: „Nein, ich bin der Partner, und ich bin männlich. Warum gehen Sie an sein Telefon?"

PI Friedrich: „Oh, tut mir leid, Dr. Tran. Ich muss Ihnen leider mitteilen, dass wir vor einer Stunde Herrn Cup in seinem Fahrzeug mit drei Hunden geborgen haben."
Hoang: „Geborgen?"
PI Friedrich: „Ich muss Ihnen leider mitteilen, dass Herr Cup verstorben ist."

Hoang:
Jetzt verstehe ich, warum wir die Angehörigen direkt mit der Wortwahl „verstorben" ansprechen. Wir versuchen, eine gewisse Distanz zu halten und dennoch diese schwere Botschaft zu übermitteln. **Wie viel wiegt diese Botschaft überhaupt?** *Ich habe jetzt einiges mehr zu erledigen als bereits als er noch lebte. Halt, er ist tot? Er hat noch meine Natsu-Dragneel-Figur in seinem Auto. Er ist was?*

Mit leblosem Blick ließ Hoang sein Telefon fallen, es zerbrach auf dem kalten Fliesenboden und war kaputt. Er starrte – gefühlte zwei Jahre – in die Ferne. Keine Träne verließ seine feuchten Augen. Er starrte einfach nur vor sich, sah nichts, nur Leere. Seine Wand, die einige Wochen zuvor von Ruben gestrichen worden war, war auf einmal so kalt, obwohl es sich um ein warmes Beige handelte, eine Farbe, die Hoang gern mochte. Er nahm seinen Schlüssel und stieg in den Wagen. Plötzlich stand er vor dem Zubehörladen von Herbert. Die Mitarbeiterin kam raus und grüßte freundlich. „Herr Tran, haben Sie heute frei? Herbert ist nicht da.", sagte sie fröhlich, und Hoang schaute sie an. *„Nein, sie kann das ja nicht wissen.",* dachte sich Hoang und nickte ihr freundlich zu. „Ich gebe Ihnen für die Woche bezahlten Urlaub, Frau Finkler.", sagte Hoang zu ihr, nachdem er aus dem Wagen ausgestiegen war. Er ging an der Mitarbeiterin vorbei, die ihn überrascht ansah. Dann nahm er das Öffnungszeitenschild und einen schwarzen Stift. Er strich die Öffnungszeiten durch und schrieb drüber:
Wegen Trauerfall geschlossen.

Die Mitarbeiterin registrierte nicht wirklich, was geschehen war. Einerseits war sie sehr dankbar, bezahlten Urlaub bekommen zu haben, andererseits wollte sie schon wissen weshalb. „Denken Sie bitte daran, den Kassensturz zu machen und abzuschließen?", bat Hoang höflich und verließ den Laden. Er begab sich zur Hintertür, wo es zu Herberts Wohnung ging und nahm die ersten Treppenstufen. Es fiel ihm plötzlich ungemein schwer, jede einzelne Stufe zu besteigen. Jeder Schritt wurde immer schwerer. Jeder Zentimeter, der ihn näher an Herberts Wohnung brachte, wurde zu einem Kilometer. In seinem Kopf hörte er Klaviermusik. Er begann zu singen, schlecht, aber er sang leise vor sich hin, Adeles *Someone Like You*. Dann öffnete er Herberts Haustür und blieb stehen, in der Hoffnung, von Klein-Medium angebellt und von Groß begrüßt zu werden. In seinem Kopf sah er, wie Herbert aus der Küche kam und ihn anlächelte. „Wollen wir heute in den Park?", fragte Herbert in Hoangs Fantasie. „Ja, das ist eine gute Idee.", antwortete Hoang in monotoner Stimmlage. Dann sang er weiter und schloss die Tür hinter sich.

Hoang sang weiter, schlecht mit leiser, piepsiger Stimme. Er öffnete ein Fenster, um Luft in die Wohnung zu lassen. Dann zog er die Rollläden auf der anderen Seite des Flurs hoch, um Licht hineinzulassen. Im Wohnzimmer räumte er die schmutzige Wäsche von der Wohnlandschaft und legte diese im Badezimmer in den Wäschekorb. Der Putzeimer für die Hundepisse war leer und roch nach Bleiche. Dann ging er ins Schlafzimmer, um dort aufzuräumen. Nur das Büro ließ er unbeachtet, da er es selten bis nie betreten hatte. Dann klingelte es an der Tür. Hoang öffnete die Tür und stand zwei Polizisten gegenüber. Er trug immer noch seinen Arztkittel. Die junge Polizistin sah ihn besorgt an. „Dr. Tran?", fragte sie, und er nickte und sah sich aufs Namensschild. „Steht hier. Ja. Sie sind Polizeiinspektorin Friedrich?" – „Richtig, Robin Friedrich." Sie kam ihm bekannt vor. Er erkannte ihre Stimme. Sie war burschikos, sehr muskulös für eine Frau, hatte ein markantes Gesicht und war vor allem sehr groß für eine Frau. Der Polizist neben ihr war für Hoang fast unsichtbar. Obgleich er groß, muskulös und vollbärtig war, was genau Hoangs Typ entsprach, sah er nur die Polizistin und ihre besorgten blauen Augen.

Nachdem Hoang die Polizisten verabschiedet hatte, nahm er die Lederjacke an sich, die PI Friedrich ihm mitbrachte. Sie sagte, dass sich in der Jacke die Geldbörse und diverse andere Dinge befanden, die an Hoang ausgehändigt werden konnten. Ferner erklärte sie ihm, dass Herbert wohl absichtlich gegen die Brückenwand gefahren sein und seinen Tod selbst verursacht haben könnte. Dies könne jedoch erst durch ein Verkehrsgutachten festgestellt werden, welches Hoang einsehen könne, wenn er die Gebühren hierfür zahlen würde. Ferner waren an der Unfallstelle keine Brems- oder Ausweichspuren festzustellen. Hoang durchsuchte die Jacke und nahm die Geldbörse hervor. 325,00 EUR nahm er heraus und steckte diese in seine Hosentasche. Die Münzen ließ er im Geldbeutel liegen. Dann nahm er den Ausweis und die sonstigen Papiere und legte sie auf den Küchentisch. Hoang summte vor sich hin, wie in Trance. Dann fand er den Terminkalender von Herbert in der Jacke und blätterte gelangweilt darin, bis er zum heutigen Tag ankam. Dort fiel ihm dann ein Abholschein in die Hände. „Rahmit's Treasures" las Hoang auf dem Abholschein. Abholdatum wäre morgen. Den Schein steckte er sich in die Hose.

Dann verließ er Herberts Wohnung und schloss die Tür ab. Auf einmal war es wieder so einfach, Treppenstufen zu steigen. Ihm kam Frau Finkler entgegen. „Herr Tran. Was ist denn los? Warum war die Polizei da?", fragte sie verängstigt. „Frau Finkler. Ich, ähm, Herbert ist tot. Ich stelle Sie von der Arbeit frei und zahle Ihnen noch den nächsten Monat aus. Aber melden Sie sich bitte beim Arbeitsamt. Ich werde Ihnen die Änderungskündigung auch noch schriftlich schicken.", sagte Hoang im monotonen Ton und ging an ihr vorbei, die in Tränen ausbrach. Dann drehte sich Hoang um und nahm die

Frau in die Arme. „Es tut mir leid. Ich kann nicht hierbleiben.", flüsterte er und ließ sie wieder los. Dann verschwand er. Frau Finkler blieb weinend stehen und sah ihm hinterher.

> *Hoangs Traum in dieser Nacht:*
> *Als ich damals diesen Kerl beerdigen musste, hatte ich keine Ahnung, wie einfach es ist, Leuten aus dem Weg zu gehen. Besonders Leuten, die bei jeder Scheiße anfangen zu weinen. Oh, tut mir leid, Ruben. Du weißt ja, ich bin zu direkt. Sophie, dein Tee wird kalt. Wo zur Hölle ist denn Walter? Der steigt bestimmt wieder dem jungen Pfleger nach. Ach, schau mal da drüben im Pavillon, da ist Herbert.*

Am nächsten Tag erfuhr Ruben vom Trauerfall, der keine zwanzig Minuten brauchte, um bei Hoang am Haus zu stehen. „Wie geht es dir?", fragte Ruben, der wohl auf der Fahrt zu seinem besten Freund mehr Tränen vergoss als Hoang in den letzten fünf Jahren. Der Asiate wirkte kühl und leblos, stumm und taub. Er sah Ruben an und nahm ihn in den Arm. „Den Umständen entsprechend.", flüsterte Hoang leise und Ruben wollte ihm kein Wort glauben. Aber Ruben kannte Hoang. Hoang war noch nicht bereit, den Verlust zuzulassen. Das akzeptierte er und fragte, wie es jetzt weiterginge. „Herbert hatte keine Familie mehr. Alles was er hatte war das Geschäft und die Hunde.", sagte Hoang monoton und nahm einen Schluck aus seiner Tasse. Ruben wurde hellhörig und nahm Hoang die Tasse ab. „Was ist da drin?", fragte er besorgt und roch an dem dunklen Getränk. „Hochprozentiges, Brüderchen. Das ist mein Schnaps.", antwortete ihm Hoang, der sonst nur selten Hochprozentiges trank. Aber Jägermeister mit Kaffee gemischt fand Ruben schon widerlich. „Mach das weg, Hoang. Das ist nicht gut für dich.", sorgte sich Ruben und machte einen normalen Kaffee fertig.

Einige Tage später verabschiedete sich Hoang von Walter, der aus Berlin zur Beerdigung kam und wegen der Arbeit nicht länger bleiben konnte. Die Beerdigung fand nur in einer kleinen Runde statt. Es waren lediglich zehn oder elf Leute dort. Erst nachdem der Sarg eingelassen worden war, stellte Hoang fest, dass am Straßenrand eine Gruppe Rocker bzw. Motorradfahrer standen und die Trauerkarten festhielten. Sie hatten ein eigenes Ritual für ihren Rockerbruder vorgesehen, bei dem Hoang und seine Freunde und Frau Finkler nicht gesehen werden wollten. Er ließ es sich jedoch nicht nehmen, sich bei den Rockern für ihre Anteilnahme zu bedanken. Einer der Rocker, ein dunkelhäutiger muskulöser Bär, umarmte Hoang und drückte ihn fest an sich. Die drei toten Hunde ließ Hoang mit Herbert ruhen, das war wohl ein Wunsch, den Herbert gehabt haben könnte. Am Nachmittag saß Hoang allein in der Küche des Hauses. Er trat auf die Stelle, wo Ruben Herbert auffand, und es brach in ihm ein.

Wie konntest du mich nur verlassen? Du verdammtes Schwein bist einfach gestorben und hast mich hier zurückgelassen! Hast du denn mir nie zugehört, wie schwer das Leben für mich allein ist? Hast du denn nichts verstanden? Weißt du denn gar nicht, wie man mich jetzt ansehen wird? Warum bist du nur gegangen?

Der Ausbruch dauerte keine Minute an. Hoang fasste sich an die Brust und drückte seine letzten Tränen raus. *„Ich muss stark bleiben!"*, sagte er sich und trocknete sein Gesicht ab. Dann nahm er seine Schlüssel und verließ das Haus. Er fuhr zu Ruben und blieb vor dem Haus stehen, schaute hoch in die Etage und erkannte, dass dort kein Licht brannte. Er fuhr weiter und erinnerte sich, dass er einen Abholschein in der Jacke hatte. Der Laden war ihm nicht bekannt, sodass er erst auf dem neuen Handy die Adresse eingeben musste. Dort angekommen blieb er kurz vor dem Geschäft stehen. Es war ein kleines indisch wirkendes Juweliergeschäft. Er öffnete die Ladentür und trat ein. Der Verkäufer war ein Inder, Vollbart, große Augen und lange Wimpern, sehr schlank. Gar nicht Hoangs Typ, aber er schien nett zu sein. Dann übergab Hoang den Abholschein, und der Inder blickte ihn kurz überrascht an. Hoang schaute sich im Geschäft um und sah, dass die angebotene Ware sehr viele Abnehmer in der Gay-Lesbian-Community finden würde, als der Verkäufer auch schon mit einer roten Schatulle zurückkam.

Nachdem er Rahmit's Treasures verlassen hatte, fuhr Hoang weiter zu Sophies Haus in Rödermark. Aber auch dort war niemand anzutreffen. Eine Visitenkarte von Rahmit's Treasures ließ Hoang in Sophies Briefkasten zurück. Dann fuhr er zurück nach Rodgau. *„Ich werde mein Haus verkaufen und mir ein größeres Haus kaufen. Ich will dort nicht mehr leben.",* dachte sich Hoang und blieb auf einer Raststelle auf der Autobahn stehen. Er nahm sein Handy und gab direkt eine Immobiliensuche ein. Das erste Haus war hässlich und zu weit weg von Ruben. Das zweite Haus war zu groß und zu nah an seinem jetzigen Haus. Das dritte Haus war zu klein. Das vierte Haus, das war es. Er wählte die Nummer.

Nachdem einige Wochen vergangen waren und Hoang wieder einen Alltag hatte, nahm er sich die Zeit, um seine Familienmitglieder zu besuchen. Seine Eltern besuchte er als Erstes. „Wann wirst du denn endlich heiraten und mich zum Großvater machen?", fragte Hoangs Vater ihn. Das tat sein Vater immer, obwohl ihm bewusst war, dass sein dritter Sohn schwul war und keine Schwiegertochter heimbringen würde. Es war eine Art Necken und Wunschvorstellung. Denn er war tatsächlich überaus stolz auf seinen Sohn, der jetzt ein Arzt geworden war. Seine Schläge schienen geholfen zu haben, dachte sich der Vater schelmisch. Sodann besuchte Hoang seinen ältesten Bruder Duc, der mit dessen Ehefrau im naheliegenden Rödermark lebte. Sie erfuhren vor kurzem, dass sie ein Kind erwarten. Danach fuhr Hoang zu seiner älteren Schwester Minh nach Frankfurt am Main, die ihm erzählte, dass sie sich mit Andreas, einem gemeinsamen Freund von Hoang, Ruben und Walter, traf. Zuletzt besuchte Hoang seinen jüngeren Bruder Cuong, der am weitesten entfernt wohnte und derzeit Medizin in Wiesbaden studierte.

In der Nacht fuhr Hoang mit lauter Musik zurück. Er hielt dann auf einer Raststelle auf der Autobahn an und erkannte, dass er sich auf der gleichen Raststelle befand, wo er auch sein neues Haus im Internet gefunden hatte. Er stieg aus und ging eine Runde spazieren. Er ging in das Toilettenhaus und musste ein Geschäft verrichten. Jetzt merkte er erst, dass er von einem alten Mann beobachtet wurde. Im Augenwinkel sah Hoang, wie der alte Mann sich im Schritt spielte und die Beule drückte. Einen kurzen Moment lang dachte Hoang darüber nach, schüttelte ab und packte ein. Er lächelte dem Mann freundlich zu und schüttelte den Kopf bestimmend. Wieder an der frischen Luft griff Hoang nach dem Zigarettenpäckchen in seiner Jacke und nahm die letzte Zigarette heraus. Für etwas mehr als eine Woche war er Raucher geworden. Damit war jetzt Schluss.

> *Hoang:*
> *Soviel ist in den letzten Wochen geschehen. Ich kann kaum darüber nachdenken. Ich werde Onkel, das ist schön. Ich hatte diese Nachricht auf dem Anrufbeantworter, Herr Rechtsanwalt irgendwas. Ich weiß nicht mehr, wie er hieß. Es ging ums Erbe. Er hatte eine nette Stimme gehabt. Ich musste seinen Laden schließen. Seinen Bungalow verkaufen. Was mache ich mit seinen Möbeln? Was mache ich hier überhaupt?*

Erst jetzt stellte Hoang fest, dass um ihn herum mehrere Männer im Dunkeln spazieren gingen. Sie waren auf der Jagd nach einem Abenteuer, nach Befriedigung, nach einer Flucht aus dem Alltag. Wie diese Männer wäre Hoang auch gerne dem Alltag entflohen. Aber nicht mit Sex. Damit konnte er an diesem Abend nichts anfangen. Damit konnte er die letzten Wochen nichts anfangen. Den letzten Sex hatte er mit Herbert gehabt. *"Herbert. Ich müsste noch die Post bei ihm holen. Da fahre ich dann gleich hin."* Er stieg in sein Auto ein, einen dunkelblauen Range Rover. Hoang mochte große dicke Autos, und irgendwie mochte er große bullige Männer, aber nur die, die ihm nicht wehtaten und ihn nicht zum *Witwer* machten. Einen kurzen Moment lang, während der Fahrt, während er laute Musik von Adele hörte, hatte er Herbert gehasst. Er hatte ihn dafür gehasst, dass er ihn auf diese Weise verlassen hatte. Er hatte Herbert dafür gehasst, ihn mit so vielen neuen Pflichten und Sorgen zurückgelassen zu haben. Er hatte Herbert dafür gehasst, ihn mit einer tiefen, schier unendlichen Leere stehengelassen zu haben. Für einen kurzen Moment war Hoang wütend und hasserfüllt. Im nächsten Moment war er wieder traurig und bog in die Einfahrt zu Herberts Bungalow ein.

Hoang sammelte die Briefe auf, die auf dem Boden lagen. Durch den Briefschlitz lag die Post immer auf dem Boden, und manchmal war die auch durchnässt von Klein-Mediums Pisse oder zerkaut von Mini. Diese Post hingegen war unversehrt. „Es ist so seltsam.", sagte Hoang und blätterte die Briefe durch. Einer davon fand sein Interesse. Ein Arztbrief seines eigenen Krankenhauses im großen Umschlag. Er wusste noch, dass Herbert einmal zur Nachuntersuchung im St. Hubertus in Frankfurt am Main war und sich dort Blut abnehmen ließ. Hoang öffnete den Brief und las ihn sich durch. **Wie schwer wog denn dieser Brief?** Den Rest der Briefe ließ Hoang fallen.

KAPITEL 5
Fat, Fem and Asian

„Ich bin wieder da!", rief Walter über den Gartenzaun und winkte mit seiner großen blassen Hand, ohne dass man ihn sehen konnte. Hoang schaute von hinter dem Grill hervor und sah die große blasse Hand seines rothaarigen Freundes über seinen Gartenzaun winken. „Komme!", rief Hoang zurück und legte die Grillzange zur Seite. „Nicht alles vollspritzen!", kam es dann von Walter zurück, der immer noch winkte. Hoang musste lachen und ging auf seine Gartentür zu, um diese für Walter und Marvin zu öffnen. Marvin hielt sich im Hintergrund, denn er lernte heute Hoang das erste Mal persönlich kennen und war ein wenig schüchtern. Walter umarmte Hoang herzlich und brummte glücklich vor sich hin. Der kleine Asiate lachte herzhaft und schaute Marvin willkommen-heißend an. Es war der erste Juni 2017, und es war ein schöner sonniger Tag in Rodgau.

„Es ist öfter ein komisches Gefühl, als neuer Partner in eine Gruppe zu stoßen und es ist nicht einfach, ein vollwertiges Mitglied dieser Gruppe zu werden. Schließlich ist man der Partner von, … vielleicht einem Alphatier?", dachte sich Marvin, der im Garten des jungen Mediziners stand und in seine Bratwurst biss. *„Ich sollte weniger TWD schauen und mich vielleicht mit denen da drüben unterhalten?"*, dachte er. „Wer ist das da?", fragte Marvin Walter, der lachend neben ihm stand, und zeigte auf Sophie und Ruben, die auf einer Sitzbank unter einem Baum saßen und sich über etwas lustig machten. „Das sind David und Ruben.", sagte Hoang, und musste feststellen, dass er sich noch nicht ganz an *Sophie* gewöhnt hatte. „Ich meine, Sophie und Ruben.", korrigierte er sich. Marvin nickte und ging mit tänzelnden

Schritten zu den beiden unterm Baum rüber, um sich vorzustellen. Hoang und Walter schauten dem Berliner Bub hinterher. Dann legte Hoang noch eine Bratwurst um und nahm einen Schluck von seinem Bier, während Walter immer noch seinem geliebten Marvin hinterherschaute und die eigene Bratwurst langsam knabberte. „Du denkst doch nicht gerade an Sex?", fragte Hoang Walter scherzhaft und der Ire errötete. „Doch, gerade habe ich sehr daran gedacht und wäre beinahe über ihn hergefallen."

„Mein Auto ist noch vollbeladen mit unseren Koffern. Können wir die ins Haus bringen?", fragte Walter Hoang, der gerade wieder Fleisch auf den Grill auflegte. „Ich helfe dir. Und dann musst du mir erzählen, wie dein Plan ist.", sagte Ruben, der zum Grill kam und das Gespräch zum Teil mitverfolgte. „Ja, Ruben kann helfen!", freute sich Hoang, der noch mehr Fleisch auflegte. Der kleine – nicht mehr so ganz dünne – Asiate konnte viel Fleisch essen. Seit einigen Monaten machte Hoang Sport und hatte als Onkologe weniger Bewegung als zuvor in seiner Zeit als Assistenzarzt, wo er Stationen ständig wechselte und überall eingesetzt wurde. Dafür hatte Hoang aber auch ein fast regelmäßiges Privatleben. Ruben und Walter ließen Hoang weiter grillen und gingen zum Auto.

Ruben: „Und du willst das echt durchziehen?"
Walter: „Ja, aber ich weiß, ich muss dafür abnehmen."
Ruben: „Ich kenn da jemanden, da musst du nicht viel machen."
Walter: „Das wäre natürlich klasse, aber trotzdem will ich abnehmen."
Ruben: „Das schaffen wir auch noch. Aber dir ist schon klar, dass wir alle dich so lieben, wie du bist."
Walter: „Ich liebe euch alle auch. Aber du bist echt zu meinem Vorbild geworden, Ruben. Ich weiß noch, zu deinem Abitur, boah, du warst ein geiler Brummer!"
Ruben: „Gelle? Unglaublich. Ich bin in jeder Hinsicht für dich da. Außer dafür."

Ruben hielt eine Figur in der Hand, die etwa 50 cm hoch war und einen Penis hatte, der fast genauso groß war. Belustigt wedelte er mit dem Sexspielzeug vor Walters Gesicht herum. „Mach mal ‚ah'!", scherzte Ruben, und Walter öffnete den Mund. „Heilige Mutter der Bruthähne, deren Eier dicker sind als die eines Bullen!", hörten die beiden hinter sich schimpfen und drehten sich um. Rahmit, ein indischer Freund stand mit in den Hüften gestützten Händen, ein Bein angewinkelt, hinter ihnen und beobachtete die Szene mit offenem Mund und ungläubigem Blick. Man musste kein Experte sein, um zu erkennen, dass Rahmit schwul war. Er hatte eine sehr gute schlanke Figur, lange Beine, trug mit Vorliebe Rosa und Camouflage und war von Kopf bis Fuß perfekt in Szene gesetzt. „HOANG! Die Diva ist da!", schrie Walter und tat so, als würde er sich fürchten. Mit erhobener Nase verließ Rahmit die beiden, die nun die Koffer aus dem Wagen holten. In einem Lastwagen waren die Großmöbel des Paares gelagert gewesen, der in Hoangs Auffahrt genügend Platz fand und für die Zeit, bis die Wohnung fertig war, dort stehen bleiben konnte. Hoang parkte ohnehin lieber an der Straße, weil er von dort aus schneller losfahren konnte, wenn er mal ins Krankenhaus zu einem Notfall gerufen wurde.

Rahmit hatte einen eigenen Picknickkorb mitgebracht, ca. 15 x 15 cm klein, und stellte sein Körbchen auf den großen Gartentisch, den Sophie und Marvin gerade eindeckten. „Marvin, darf ich dir Rahmit vorstellen? Meine beste Freundin!", stellte Sophie Rahmit Marvin vor und sie reichten sich die gestreckten Fingerspitzen. „Hallo, ich bin Marvin, Walters Frau.", stellte sich Marvin mit entzückter Stimme vor und lächelte süß. Rahmit war begeistert von Marvin und küsste ihn direkt auf die Wange. Sophie und Rahmit waren noch nicht sehr lange befreundet, etwa 9 Monate. Aber sie waren schnell ein Herz und eine Seele geworden, weil Rahmit nachempfinden konnte, was Sophie als Transgender durchlebte. „Drei Engel für Charlotte!", scherzte Hoang, der dann ins Haus ging. Obwohl Marvin einige feminine Züge hatte, sein unrasiertes Gesicht mochte er und behielt es immer bei. Rahmit war dagegen haarlos, überall, Arme, Beine, Brust, Gesicht, Nase, Zähne, alles wurde enthaart, was enthaart werden konnte. Nur seine langen geschwungenen Wimpern, die waren echt und blieben dran. In dem Picknickkorb hatte er außerdem Minikuchen mit rosa Glasur für alle mitgebracht. Sehr süße und sehr kleine Kuchen.

Ruben: „Ich ruf gleich am Montag meinen Kollegen dort an!"
Walter: „Gute Idee. Oh Boy, mir graut es schon vor der Reaktion."
Hoang: „Sprecht ihr über diese eine Sache?"
Hoang kam ins Haus, um einige Teller, die er mit Fleischresten für nicht mehr nutzbar empfand, in die Spülmaschine zu tun. Die Küche war geräumig, jedoch kochte Hoang dort selten, höchstens einmal alle drei Monate. Schließlich konnte er nicht kochen, was sehr untypisch für einen Asiaten war. „Du solltest auch Rahmit fragen. Er ist doch an der Quelle.", schlug Hoang vor, der auf eine ganz bestimmte wichtige Sache damit hinwies. „Muss ich wohl. Aber erst, wenn das meiste erledigt ist und es auf die Zielgerade geht." Hoang zwinkerte und schaute raus in den Garten, um sich zu vergewissern, dass niemand plötzlich in der Küche stand. „Und der perfekte Ort dafür ist auch schon ausgesucht. Und ich habe auch eine Idee, wie das Ganze unbemerkt bleibt.", sagte Hoang den beiden, die sich an die Küchentheke gelehnt hatten und ihr Bier tranken. Dann kam Rahmit fröhlich strahlend in die Küche.

Rahmit Inmahol

„Hi, ihr süßen antivaginalen Rotzraketen!", grüßte der Inder fröhlich die drei Jungs, die ihn leicht beängstigt ansahen. Dies war Rahmit gewöhnt. Er war sich aber bewusst, dass seine Freunde ihn nicht verurteilten und ihn nur neckend ansahen, als wäre er von einem anderen Stern. Andere Leute hingegen sahen ihn tatsächlich so herablassend an, als wäre er von einem anderen Stern. Dies störte ihn nicht mehr. Vor 3 Jahren, als er nach Rodgau kam, um dort ein Geschäft zu eröffnen, war es für ihn viel schwieriger. Er war eingeschüchtert, da sein Geschäft inmitten des arabischen Ground Zero von Rodgau lag. Und nicht nur eingeschüchtert, sondern auch ständig geil. Diese vielen Tausend Alphatiere mit ihren Muskeln und dichten Bärten machten Rahmit regelrecht wahnsinnig. Eines Tages kam ein Rocker bei ihm im Geschäft vorbei und wollte etwas Besonderes für seinen Partner kaufen. Dieses besondere Etwas musste Rahmit aber bestellen, sodass es erst am Folgetag verfügbar gewesen wäre. Der Kunde nahm nach seiner Zahlung den Bestellschein mit, kam aber nie wieder.

Stattdessen kam eine Woche später ein Asiate in Rahmits Geschäft und zeigte ihm den Bestellschein. *„Ich kann diesem dünnen Reisball doch nicht seinen eigenen Verlobungsring geben."*, dachte sich Rahmit, der stillschweigend, aber Hoang beäugend die Schachtel aus dem Lager holte. „Hier ist das Paket.", sagte Rahmit höflich mit tiefer, aber freundlicher Stimme und überreichte Hoang die rote Schatulle. *„Rote Schatulle. Ich hasse rote Sachen."*, dachte Hoang, der die Schachtel öffnete und seinen Augen kaum glaubte. Ein glänzender weißgoldener Ring, mit einer eingravierten Feder und einem kleinen Diamanten schien ihn strahlend an. „Die Gravur der Feder musste extra angefertigt werden. Der Kunde meinte, dass würde die Freiheitsliebe seines Partners symbolisieren.", schwärmte Rahmit und wollte freundlich sein, bevor er bemerkte, dass Hoang Tränen in den Augen hatte. „Oh mein Gott, habe ich Ihnen was Falsches erzählt?", stellte Rahmit mit beiden Händen an die Wangen gedrückt fest und war von sich selbst und seiner Respektlosigkeit entsetzt. Hoang wischte sich mit der rechten Faust seine Tränen von den Wangen, und lächelte Rahmit freundlich an. „Nein, gar nicht, Herr?" – „Inmahol. Rahmit Inmahol.", stellte sich Rahmit vor und sah, wie Hoang ein freches breites Grinsen andeutete. „Lachen Sie nicht über meinen Namen. Er ist sehr edel!", wollte Rahmit schimpfen, und Hoang deutete direkt an, dass er den Namen zwar lustig fand, ihn aber nicht auslachen würde. „Sie wissen ja schon, dass Leute, die Englisch sprechen können, Ihren Namen ganz anders deuten würden.", meinte Hoang, der dann doch kichern musste. „Ja, ich weiß. Nachts, wenn ich allein bin, dann ziehe ich mir schöne Kleider an und tanze zu meinem Namen. Und manchmal fordere ich die Kanacken da draußen auch auf, ‚Ram it in my hole' zu machen.", ging Rahmit mit dem Witz mit, und beide mussten lachen.

Rahmit besaß ein Juweliergeschäft und verkaufte Schmuck, überwiegend an schwul-lesbische Kundschaft. Besonders auf Intimschmuck war sein Geschäft seit Kurzem spezialisiert. Im Hinterbereich seines Geschäfts hatte Rahmit noch einen kleinen Erotikstore eröffnet, der den Hauptprofit seines Ladens abwarf. Als damals Herbert den Ring für Hoang bestellte, war das noch nicht so. Da hatte Rahmit erst mit dem Juweliergeschäft angefangen und gehofft, viele arabische Kunden mit ausgefallenem Schmuck – teilweise auch selbst hergestellt und geschmiedet – anlocken zu können. Aber das Geschäft lief erst nicht gut und drohte schon bald in die Insolvenz zu gehen, wenn da nicht die Bestellung Herberts gewesen wäre. Und als Krönung hatte Hoang in der umliegenden Community Werbung gemacht. Schon bald konnte Rahmit von seinem Geschäft leben und lernte unglaublich viele Leute kennen. Schon bald traute sich Rahmit, seine geliebte Kleidung auch in der Öffentlichkeit zu tragen. Schon bald war Rahmit eine Institution für die Community. Oft wurde er in Szenebars als „Die Schatztruhe" bezeichnet. Rahmit suchte dennoch die wahre Liebe. Rahmit war genauso ein guter Freund in der Clique geworden wie jeder andere auch und fühlte sich sehr wohl in der Runde, da ihn keiner hier für seine feminine und sogar schon fast zu tuntige Art verurteilte und man gemeinsam stark war. Er als tuntiger Inder unter den vielen Stereotypen in der Community war schon oft kalt stehen gelassen worden.

„Wir haben gerade diese eine Sache besprochen.", sagte Walter und nahm ein Schluck von seinem Bier. Obwohl Rahmit Walter und Marvin noch nicht so lange wie Sophie, Hoang und Ruben kannte, wusste er Bescheid. Rahmit hatte sich mit Sophie schon oft mit Walter über Videochat unterhalten können. Marvin hingegen war sowieso der Stillere von ihnen und bei den Chats selten dabei gewesen. „Ich muss nachher deinen Marvin anfassen.", scherzte Rahmit, der mit der rechten Hand eine Bewegung an der linken Hand andeutete. „Sonst weiß ich die Größe nicht." Walter machte große Augen und seinen Mund verstehend weit auf, und schaute dabei zur Glastür, die zum Garten führte, um die anderen anzudeuten, das Thema zu wechseln.

Marvin und Sophie kamen in die Küche. „Bruno ist schon wieder zu spät. Der alte Wichser hat im Markt erneut meine geliebten Pfirsiche vergessen.", schimpfte Sophie und nahm ein Sektglas aus dem Küchenschrank. Sie beäugte das Glas und pustete ein Staubkorn weg, welches sich drauf niedergelassen hatte. „Und Fuzzys Abendessen hatte er auch vergessen. Mein Kater wird noch verhungern.", fuhr Sophie fort und ging an den Kühlschrank, um die Flasche Champagner zu nehmen, die sie zur Gartenfeier mitgebracht hatte. „Möchte noch jemand?", fragte sie und stellte ihr Glas auf die Theke. Hoang, Ruben und Walter schüttelten den Kopf. Marvin und Rahmit hoben die Hand. „Alles klar. Gottespisse für die Mädels, und die Jungs bleiben beim Bier.", lachte Sophie, die versuchte, die Champagnerflasche zu öffnen. Ruben nahm ihr die Flasche ab und öffnete diese im Handumdrehen, gelernt ist gelernt. Er schenkte den ‚Damen' auch mit der Hand im Fuß der Flasche ein. Genauso wie es ein guter Servierer halt tat, nur ohne Fliege und Serviette.

Später, als auch Bruno endlich vom Markt zurückkehrte und alles mitbrachte, was Sophie ihm aufgetragen hatte, versammelten sich die Freunde am großen Gartentisch und stießen auf die Wiedervereinigung an. Sie erzählten sich gegenseitig einige lustige Geschichten aus ihrem Leben, und vor allem erzählten sie sich, wie sie zueinander gefunden hatten. Dann stand Walter auf und deutete an, auf die Toilette zu müssen. Ruben stand ebenfalls auf, denn sein

Handy klingelte. Sophie und Rahmit waren schnell gut mit Marvin ins Gespräch gekommen und freuten sich, ihre Erfahrungen mit dem ruhigen leicht femininen Mann teilen zu können. Bruno aß sein viertes Steak und zeigte keine Anzeichen, satt zu werden. Hoang beobachtete alle seine Freunde und war glücklich. Er lächelte und trank gemütlich sein Bier aus. Ein schöner Abend unter Freunden, die sich gegenseitig schützten und vertrauten. Man wollte es für immer in Erinnerung halten. Hoang nahm sich einen Moment, um sich die Fotokamera zu holen und ein schönes gemeinsames Bild zu machen. Alle saßen zusammen am Gartentisch und hoben ihre Gläser. Wenn man einen Regenbogen sehen könnte, wäre Walter die Farbe Rot, neben ihm Bruno in Orange, Hoang in Gelb, dann Marvin in Grün, gefolgt von Ruben in Blau, Sophie in Lila und zuletzt Rahmit in Rosa. Es war ein wunderschönes Bild, welches Hoang plante, in seinem Wohnzimmer an die Wand zu hängen. Eine schöne Erinnerung, in der alle sorgenfrei lachten.

Als es später wurde, verließen Rahmit, Sophie und Bruno die Feier als Erste. Bruno und Sophie fuhren Rahmit gewohnt zu ihm nach Hause, denn seine Wohnung lag auf dem Heimweg des Ehepaars. Ruben hatte eine Wohnung in der näheren Innenstadt und ging gerne nachts im Dunkeln durch die Straßen Rodgaus, unter anderem auch, weil er meistens das Glück hatte, nette Männer unterwegs zu treffen. Walter und Marvin bezogen zur Überbrückung die zweite Etage von Hoangs Haus. Das Haus war groß genug, um zwei Familien darin leben zu lassen, aber Hoang lebte dort allein. Hoangs Familie lebte zwischenzeitlich in der Gegend drum herum verteilt, in Rödermark, Offenbach, Frankfurt am Main und Wiesbaden. Nachts war es immer sehr still in seinem Haus. Hoang mochte diese Stille. Somit konnte er abschalten und tanzen, was für ihn keine Selbstverständlichkeit war. Er setzte die Kopfhörer auf und tänzelte ein wenig in seinem Badezimmer vor dem großen Spiegel, während er seinen schlanken Oberkörper betrachtete und sich wünschte, einige Haare mehr darauf zu haben. Mit der

Haarbürste ahmte er still die Sängerin im Lied nach und lachte innerlich. In dieser Nacht schliefen alle friedlich, außer Hoang, der an die Decke starrte und sich vorstellte, wie es wohl wäre, endlich mal jemanden zu finden, der länger bei ihm sein würde. Er stellte sich vor, wie es wohl wäre, wenn die Welt nicht so wäre, wie sie ist, und wie es wohl wäre, wenn es Magie gäbe. Er drehte sich von einer Seite auf die andere und wieder zurück. Hoang hatte nicht oft Probleme einzuschlafen, aber in dieser Nacht fühlte er sich allein. Irgendwann schlief er doch ein.

Einige Wochen später trafen sich Ruben, Hoang und Walter in Frankfurt am Main am Zeil zum gemeinsamen Shoppengehen. Marvin hatte im Möbelhaus seine neue Stelle angetreten. Rahmit war in seinem Geschäft, und Sophie machte die Bestellungen im Erotikstore fertig. Die drei Jungs trafen sich nicht nur zum Shoppen. Sie hatten einen Termin bei Hoangs Schwester Minh, die die zweitgeborene der Familie Tran war und zudem ein Tanzstudio hatte. Sie hatte Schauspielkunst und Musical studiert und unterrichtete junge Leute in Tanz und Choreografie. Auch heute unterrichtete sie eine kleine Gruppe Cheerleader, die für die Schule eine Choreografie einstudieren mussten. Hoang und die beiden Freunde sahen hierbei begeistert zu. Aber der Termin war nicht mit Minh selbst, nur in ihrem Studio. Andreas, ein gemeinsamer Freund der drei, war Minhs Ehemann und Hoangs Schwager und nahm die drei mit in sein Studio. Dabei winkte er kurz seiner Frau, die dann auch ihren jüngeren Bruder bemerkte und lächelte. In Andreas' Studio waren bereits einige Leute, etwa 17 an der Zahl, anwesend. „Das ist die Tanzgruppe für deinen Plan, Walter.", sagte Andreas, der Walter schon lange kannte und sich freute, dass dieser wieder zurück in der Gegend war. Schließlich hatte Andreas über Walter Hoang kennengelernt und über Hoang sodann seine heutige geliebte Ehefrau Minh. „Unter welchem Motto soll die Gruppe denn auftreten?", fragte Andreas und die drei Freunde sahen sich fragend, aber mit einem gemeinsamen Geistesblitz wissend an. „**FAT, FEM**

and ASIAN!", sagten sie im Chor. „Geiles Motto!", lobte Andreas und klatschte seine Tanzgruppe zusammen. „One, two, three, one, two, three – GO!", rief er und die Gruppe begann einen bereits vor einigen Wochen einstudierten Tanz vor den begeisterten Augen der drei Freunde. Der Tanz fing mit einer heißen Sommernummer an, um auf sich aufmerksam zu machen.

Etwa zur Hälfte des Auftakttanzes sollte einer der Freunde einspringen, aber maskiert. Sie entschieden sich für Bruno, der weniger auffallen würde, obwohl er sehr groß und dünn war. Das zweite Lied war rhythmisch und schnell, bei dem auch noch zwei weitere der Freunde hinzukommen sollten, Ruben und Rahmit, beide sollten auch maskiert sein. Rahmit, der per Videochat die Aufführung von seinem Geschäft aus mitverfolgte, warf ein, dass er sich ein Kleid anziehe und unter seiner Maske als Dragqueen von Sophie geschminkt würde. Beim dritten Lied sollten Sophie und Hoang hinzukommen. Andreas hatte auch darauf geachtet, dass in der Tanzgruppe einige körperlich kleinere Profitänzer waren, damit Hoang nicht in der Tanzgruppe sofort auffiele. „Jetzt kommt der schwierigste Teil!", meldete Andreas an, der dann auf das Finale des Auftritts hindeutete. „Wie bekommen wir Walter unbemerkt in die Gruppe?", fragte er die drei Jungs, die sich fragend ansahen. „Wir brauchen große Leute, die mich hinter sich verstecken und am Ende der Gruppe durchführen.", sagte Walter, der schon ganz aufgeregt war und von einem Fuß auf den anderen wippte. „Alles klar, ich zeige dir jetzt mal, wie das aussehen könnte.", meinte Andreas, der dann den Übergang in das finale Lied anspielen ließ. Er lief an seiner Tanzgruppe rechts vorbei und deutete an, dass er sich jetzt versteckt halten würde. Dann begann das Lied, und die von den Profis aufgebaute Kette ging auseinander, um Andreas/Walter zu offenbaren. Der Tanz, den Andreas für Walter ausgedacht hatte, war simpel, aber auch sehr schön. Er tanzte mit Maske mit jeder Tänzerin einige kurze gemeinsame Schritte im Kreis, bis er vorne bei den drei Jungs ankam und sich lächelnd verbeugte und Walter eine Packung Tempotaschentücher hinhielt. „Na, ist das was?", fragte Andreas, und Walter war begeistert und voller Tatendrang. „Let's do it!", rief er und wollte loslegen.

Die Übungsstunden begannen direkt im Anschluss, und Walter nahm erst einmal Platz, um Hoang und Ruben bei den ersten Tanzschritten zu beobachten. Hoang stellte sich furchtbar an und war wie ein kleiner Stock mit roboterähnlichen Bewegungen. Hingegen fiel es Ruben weit einfacher, sich die Schritte zu merken und den Anweisungen von Andreas und den anderen Tänzern zu folgen. Währenddessen traute sich auch Walter, mit einer kleineren asiatischen Tänzerin, der Prem, die ersten eigenen Tanzschritte zu üben. Er nahm ihre kleinen Hände in seine blassen Pranken und trat ihr direkt beim ersten Schritt schon auf den linken Fuß. Beide mussten lachen, und Walter lief dabei rot an. Beim zweiten Versuch ging es bereits besser, und er merkte sich auch schon die Anzahl der Schritte, die er machen musste, bevor er die Tanzpartnerin wechselte. Zwei Schritte nach links, drehen, zwei weitere Schritte nach links, Körper vorbeugen und drehen und loslassen. Das Tanzen machte Walter besonders viel Spaß, und er freute sich, dass sich hier in der Tanzgruppe keiner wegen seines Gewichtes einen Kommentar fallen ließ. Andererseits machten sich fast alle über Hoang lustig, der immer noch stocksteif und verhalten versuchte, aus sich heraus zu kommen, und es nicht schaffte, sich auch nur einen Schritt zu merken. Nach einer Stunde machten sie die erste Pause, und Hoang verschwand zu seiner Schwester, die im Flur die Übungen beobachtete. Sie schlug ihm geschwisterlich auf den Hintern und hob den Zeigefinger. „So schlecht habe ich noch nie jemanden tanzen sehen, Bruderherz.", tadelte Minh und lachte. Sie gab ihrem Mann einen Kuss und schob Hoang vor sich her. Die Geschwister wollten noch etwas privates Familiäres besprechen.

Es wurde langsam kälter und die Tage kürzer. Und die Zeit knapper. Noch einige Tage, bis der Antrag stattfinden sollte, und Hoang hatte es noch immer nicht richtig geschafft, sich die Choreografie zu merken. Mitunter fühlte er sich in den letzten Wochen etwas schwächer als sonst und musste immer wieder Pausen einlegen. Aber er übte weiter mit seinen Freunden, die alle schon ihre Choreografie konnten und sich nur noch zum Proben trafen. Bisher hielten sie es auch geheim vor Marvin, der noch immer nichts ahnte. Hoang traf sich in der Zeit ein paar Mal mit dem Kameramann, der den Antrag filmen sollte, und besprach mit ihm, wann wo was genau stattfinden würde. Es sollte auf dem Platz vor dem Möbelhaus stattfinden, wo Marvin arbeitete. Zu näheren Einzelheiten führte das Gespräch aber nicht, denn kaum war Hoang bei ihm im Büro, waren beide keine fünf Minuten später schon nackt und fielen übereinander her. Der Kameramann war zwar nicht unbedingt eine Augenweide, aber er war ungemein zärtlich und ließ Hoang die Welt und Sorgen vergessen, für drei Minuten, bis er übereilt fertig war und in Hoangs Armen einschlief. Von diesem Abenteuer erzählte Hoang Ruben, der davon nicht sonderlich begeistert war, weil der Kameramann ja verheiratet war und Kinder hatte. „Es war nur einmalig.", sagte Hoang lachend, wissend, dass es sich wiederholen könnte, wenn er denn wolle. Im Gegensatz zu Ruben hatte Hoang Schwierigkeiten, jemanden kennenzulernen, der sich körperlich für ihn interessieren würde. Aber das störte Hoang nicht, Walter wollte Marvin einen Antrag machen, und es war schon fast soweit. Noch ein Tag üben, und dann sollte es losgehen.

Marvins Geburtstag stand so langsam an. Hoang, der eine Vorliebe für Halloween hatte, hatte sich bei Marvin im Möbelhaus angekündigt, weil er noch einige dekorative Ideen brauchte. Im Parkhaus angekommen, überschaute Hoang den Platz sorgfältig. Sein Handy klingelte, Ruben war dran und teilte mit, dass Halloween nichts mehr im Weg stehe. Hoang legte dann auf und las noch die Nachricht, die er während des Telefonats mit Ruben erhielt. Es war kurz vor 12:30 Uhr, Hoang wollte sich mit Marvin erst zum Mittagessen vorne beim Eingangsbereich treffen. Marvin stand bereits am Eingang und schaute auf sein Smartphone. Eine junge Familie drängelte sich an ihm vorbei. Seine neue Arbeitskollegin Juliette legte ihren Arm auf seine Schultern und lächelte ihn fröhlich an. „Mahlzeit!", sagte er freundlich und ging eine Treppenstufe runter und setzte sich. Er tippte eine Nachricht an Hoang: „Bin am Eingang." Die Nachricht blieb ungelesen. Juliette, die groß und hübsch war, lächelte Marvin freudig an und winkte ihn zu sich. Die beiden saßen eine Weile auf den Treppenstufen und unterhielten sich über die Arbeit. Juliette erzählte ihm, dass sie sich ihr Studium finanziere mit der Arbeit und dass sie irgendwann einmal einen Teich voller Enten haben wolle.

Dann hörte er, wie laute Musik aus der Sprechanlage des Möbelhauses am Eingang abgespielt wurde: „Oh-ho, hot, hot." *Hot Summer* von **Monrose** wurde abgespielt, eines seiner Lieblingssommerlieder. Marvin summte mit. Dann entdeckte er, dass drei Leute auf dem Parkplatz vor ihm anfingen, zu dem Lied zu tanzen. Marvin, der gerne Fotos und Videos machte, nahm die Szene freudig auf. Zu dem Tanz gesellten sich immer mehr Leute, und einige trugen Masken. Marvin sah sich um, hinter ihm standen einige Arbeitskollegen, und unten an der Treppenstufe lachte ein junges Mädchen fröhlich. *„Das ist bestimmt ein Heiratsantrag für die Kleine da!"*, dachte sich Marvin, der die Tanzgruppe weiterhin mit dem Smartphone aufnahm. Die Musik wechselte zu einem rhythmischen Latinotanz, bei dem weitere Leute sich dazugesellten und mittanzten. Ihm fiel ein maskierter Mann mit sehr muskulösen Armen auf, der mit einer schlanken dunklen maskierten Frau – die wenig Brust hatte – tanzte. Jetzt bemerkte Marvin auch das Kamerateam, das das Schauspiel aufzeichnete. *„Definitiv ist das ein Heiratsantrag! Diese glückliche kleine dünne Tussi!"*, dachte sich Marvin, der den ersten Teil seiner Aufnahme an Walter sandte.

Beim dritten Song wurde die Tanzgruppe noch größer. Das fröhlich lachende Mädchen am Treppenende vergrub ihr Gesicht in ihren Händen. *"Hat die ein Glück! Walter würde das niemals für mich machen."*, überlegte Marvin und filmte weiter. Es war ein ihm unbekanntes musikalisch langsameres Lied, was dem Mädchen wohl sehr bekannt war, ihrer Reaktion nach zu urteilen. Die Tanzgruppe bildete dann eine Kette und verschloss die Sicht auf den hinteren Teil des Platzes. *"Ich bin gespannt, wie der Mann aussieht!"*, dachte Marvin erwartungsvoll, als dann **Bruno Mars** sein Lied *Marry You* abgespielt wurde. Die hintere Reihe der Kette lichtete sich ein wenig, ein Mann mit Maske und Anzug tanzte mit einer etwas kräftigeren Frau im Kreis, dann löste er sich von ihr und tanzte mit einer kleineren Frau, einer Asiatin, die keine Maske trug. Da Marvin eine Brille trug, konnte er nicht genau sehen, wie der Mann, der dem Mädchen am Treppenende den Antrag machen würde, richtig aussah. Er war jedoch sehr kräftig. Die hinteren Reihen der Kette tanzten in kleinen Gruppen, während sich der Mann immer näher zum vorderen Ende des Platzes bewegte. Marvin sah in seinen Gedanken schon, wie der Mann vor dem Mädchen auf die Knie ging und ihr einen tollen Diamantring an den Finger steckte. Dann blieb sein Herz stehen. Er erkannte ihn. Es war Walter, der da tanzte.

Juliette, seine Arbeitskollegin, die anscheinend davon wusste, nahm Marvin am linken Arm und brachte ihn die Treppenstufen runter vor die Tanzgruppe. Marvin weinte vor Glück. Der Tanz löste sich, und Walter ließ die Frau mit der flachen Brust los und ging vor ihm in die Knie. Dann nahm er seine Maske ab und grinste Marvin mit einem glücklichen Blick schweratmend an. Seine Augen strahlten wie die Sonnenstrahlen des ersten Frühlings. Dann stand Marvin vor ihm, und Walter wusste, dass er angekommen war.

Marvin: „Oh mein Gott."
Walter: „Hi Sonntag! Das war alles für dich!"
Er nahm eine weiße Schatulle aus seiner Tasche und öffnete diese.

Marvin: „Oh mein Gott."
Walter: „Marvin Sonntag! Du bedeutest die Welt für mich. Du bist immer da, wenn es mir nicht gut geht. Du bist auch immer da, wenn es mir gut geht. Und du bist schuld daran."
Unter Glückstränen hielt sich Marvin seine Hand vor den Mund und erzitterte vor lauter Glücksgefühlen. Er bekam nichts raus. Er war überwältigt.

Marvin: „Oh mein Gott."
Walter: „Du bist immer da, um mich aus meinem eigenen Mist zu ziehen. Du stehst immer hinter mir, wenn ich jemanden brauche, der mich über meine Zweifel hinwegheben muss. Und du bist immer da, wenn ich jemanden brauche, der mir meine Hand hält."
Marvin: „Oh mein Gott."
Walter: „Und du hast mich diese vielen Jahre ertragen und bist nicht weggelaufen. Marvin Sonntag, willst du mich heiraten?"
Marvin: „Ja, ich will!"

Walter stand auf und küsste Marvin intensiv. Er hatte die wahre Liebe gefunden. Und er steckte dem jungen Mann den silbernen Ring mit dem Diamanten an den Finger. Die Tanzgruppe jubelte, und die maskierten Tänzer nahmen ihre Masken ab. Bruno fiel ihm unter den Leuten nicht auf, aber er war da. Sophie und Rahmit waren die Frauen, mit denen Walter zuerst und zuletzt getanzt hatte. Der Mann mit den muskulösen Oberarmen war Ruben. Aber einer fehlte. *„Wo ist er?"*, fragte sich Marvin und schaute Walter glücklich, aber fragend an.

„Wie geht es Ihnen?", fragte die weibliche Stimme besorgt. „Ganz gut, ich habe nur gerade den Heiratsantrag meines besten Freundes verpasst.", antwortete Hoang der Frau. Er saß bei einer Kollegin im Sprechzimmer, als Patient. „Die Testergebnisse sind eindeutig, Herr Kollege. Sie sind HIV-positiv."

KAPITEL 6

Terror

„Ich möchte dich mal was fragen."
„Ja, frag mich alles, was du willst."
„Würdest du damit klarkommen, dass ich HIV-positiv bin?"
Teilweise geschockt, teilweise befreiend schaute Ruben Moe an, der vor ihm saß und seinen Kaffee bedrückt umrührte, sich schon darauf vorbereitet hatte, dass Ruben aufstand, das Lokal verließ und ihn sitzen ließ. Ruben blieb sitzen.
Ruben: „Bist du in Behandlung?"
Moe: „Ja, seit zwei Jahren bin ich unter der Nachweisgrenze."
Ruben: „Dann ist ja alles in Ordnung."

Moe bekam Tränen in die dunklen großen Augen. Er hatte noch nie einen so toleranten und vor allem gutaussehenden Mann getroffen wie Ruben. Er war für ihn ein Wunder. Ein gutaussehendes, respektables Wunder. „Das ist kein Thema für mich, solange du gesund bleibst und auf dich achtest, beschützt du uns beide damit.", erklärte Ruben Mohammed (Moe) mit freundlichem Ton und lächelte den Araber an. Moe strahlte über beide Ohren. Er hatte eine dunkle Haut und strahlend weiße Zähne. Eigentlich wollte sich Ruben nicht direkt wieder binden, aber Moe war unglaublich anziehend. Ruben wollte aber auch nicht nachfragen, wie das passiert war.

Die beiden verabschiedeten sich mit einem intensiven Kuss. Plötzlich war es für Ruben wieder schön. Nach der Trennung von Ahmet fühlte er sich zerbrochen, gebrochen, zerrissen und zerstört. Von einer Macht besiegt, gegen die er so hart und so schwer gekämpft hatte. Ruben war ein fetter Teenager, hatte Pickel und keine so guten Noten. Nicht einmal die Nerds seiner Klasse wollten mit ihm was unternehmen. Erst, nachdem er sich zur Nachhilfe angemeldet hatte, hatte er das Gefühl bekommen, verstanden zu werden. Von Hoang. Und Hoang war es auch, der ihn aufgefangen hatte, als er Ahmet verließ und seinen Weg verlor. Hoang war immer für ihn da gewesen. Auch als Ruben die Heimatstadt verließ und nach Stuttgart zog, war Hoang immer da für ihn. Wem, wenn nicht Hoang, wollte Ruben jetzt von dem neuen Lebensabschnitt namens Moe erzählen wollen? Würde Hoang im Moment doch zuhören und sich nicht immer um diesen Herbert sorgen. Und diese Urinpfütze, in die Ruben nach dem Date mit Moe getreten, nachdem er wieder zu Hause bei Hoang angekommen war, trieb Rubens Abneigung gegen Herbert noch weiter in die Höhe.

Flashback
Was Hoang nicht über Herbert wusste, hatte Ruben umso intensiver miterlebt. Schließlich war er noch arbeitslos, und die Bewerbungen in den Hotels liefen eher schleppend. Ein ihn ebenso vernichtendes Gefühl, denn Ruben war in seinem Beruf als Fachwirt für Hotel- und Gastgewerbe gut und hatte tolle Referenzen. Die Nachfrage ließ nur zu wünschen übrig. Er konnte sich nicht erklären, warum es so von Absagen regnete. Nur zwei Hotels hatten ihn bisher zum Vorstellungsgespräch eingeladen, und die Gespräche verliefen gut. Jedoch kamen hierzu auch wieder Absagen.

Manchmal dachte Ruben, die Welt hätte ihn verdammt. Moe hingegen sah in Ruben den Mann fürs Leben, nach einem Date. Das war ihm ein wenig schnell, aber in Ordnung, denn auch für Ruben war dieser Neustart im Liebesleben ein gutes Gefühl. Er wollte Hoang von seinem Date mit Moe sofort erzählen. Aber Hoang war noch im Krankenhaus und hatte einen besonderen Fall reinbekommen. Und Herbert, der vor dem Fernseher auf der Couch mit den drei Hunden saß und sein Bier trank, obwohl die Ärzte es ihm verboten hatten, mit dem wollte Ruben nicht sprechen. Ruben hatte

Herbert schon oft darauf angesprochen, auf den Bierkonsum und warum er immer aufgefordert werden musste, die Urinpfützen von Klein-Medium und Mini zu säubern, anstatt diese automatisch zu erledigen. Es war auch erst Herbst, sodass die Hunde problemlos nach draußen gehen konnten, um ihr Geschäft zu verrichten. Das war der Tag, an dem er seine Sachen packte, um auszuziehen und Herbert hatte sich in der Nacht, während Hoang im Krankenhaus war, selbst entlassen und rülpste vor sich hin. Das Telefon klingelte, und er verließ das Wohnzimmer in den Garten. Er leerte seine Coke Zero und ging ins Badezimmer. Dort betrachtete er sich im Spiegel und erkannte, dass er an Muskelmasse verloren hatte. Diese Muskeln, für die er so hart und so lange trainiert hatte, bauten sich schneller ab, als er schauen konnte. Dennoch sah Ruben nicht übel aus, wenn nicht sogar blendend, was er selbst jedoch selten an sich sehen konnte. Er war sich wieder unsicher und ängstlich. Bevor er zu Bett ging, dachte Ruben noch darüber nach, wie er Hoang erklären konnte, dass Herbert nicht so war, wie er schien. Aber dann drehten sich die Gedanken wieder um Moe.

Am schlimmsten war es, als Ruben mal eines Morgens aufwachte und vor seiner Schlafzimmertür mit dem blanken Fuß in ein Häufchen von Mini getreten war. In dem Moment hätte er Herberts Gesicht in den Haufen drücken können, hatte es aber lieber gut sein lassen und den Haufen selbst entfernt, bevor Hoang es mitbekam. Ruben hatte schon vieles erlebt, aber eine solch undurchsichtige Person wie Herbert noch nie. Herbert hatte die schlechte Angewohnheit, in Abwesenheit von Hoang ein anderer Mensch zu sein. Er war dann herrisch, trank Bier zu jeder Tages- und Nachtzeit. Legte sich mit dem faulen Arsch auf die Couch und ließ die Hunde die Wohnung verwüsten. Würde Ruben nicht ein solcher Freund von Reinlichkeit sein, hätte Hoang wohl längst erlebt, wie dreckig es in seinem Haus manchmal war. Aber glücklicherweise lebte Herbert nicht in dem Haus und war nur da, wenn sein Geschäft von der Teilzeitkraft besetzt war. Ruben hörte noch, wie Herbert im Garten mit jemandem telefonierte und fragte, was er jetzt tun solle. Aber der große blonde, muskulöse Mann hatte andere Gedanken, und ihm war es auch recht, dass Herbert die Hunde einpackte und Hoangs Haus verließ. Ruben konnte in Ruhe seine Sachen packen. Und in aller Ruhe an Moe denken.

Und jetzt hatte Ruben einen Job gefunden, und als Bonus gab es noch einen äußerst attraktiven Araber dazu. Er ging in sein Schlafzimmer, um sich umzuziehen, und betrachtete seinen muskulösen Oberkörper vor dem Spiegel. Ruben spannte seine Brustmuskeln und Oberarme an. *„Nice! Nur noch ein bisschen mehr!"*, freute er sich und verließ sein Zimmer, um ins Badezimmer zu gehen. Er öffnete die Badezimmertür und erinnerte sich. Ruben erinnerte sich, wie Herbert in der Badewanne lag, mit Mini und Klein-Medium, und aus seiner Bierflasche trank. Der Rocker grinste Ruben dreckig an und fragte, was er denn brauche. „Von dir gar nichts. Konntest du denn nicht absperren?", erwiderte Ruben genervt und angeekelt und schloss die Tür wieder. Groß, die Husky-Hündin, stand plötzlich hinter ihm und lächelte ihn mit ihren kristallblauen Augen an. Diese drei Hunde und dieser widerwärtige Mann waren jetzt nicht mehr da. In 5 Tagen fand die Beerdigung statt, und Ruben hatte noch einen Termin zu erledigen, bevor er sich wieder seinem neuen Partner Moe widmen konnte. Hierauf freute er sich schon. Hoang hatte alle Hände voll zu tun gehabt mit der Beerdigung, dem Nachlass, dem Geschäft von Herbert und sonst allem, was erledigt werden musste. Ruben stand meistens nur in der Nähe und beobachtete seinen besten Freund, wie er alles einfach regelte und hierbei kaum Gefühle zeigte. Das war der größte Unterschied zwischen den beiden, Ruben war sehr emotional, Hoang war sehr kontrolliert. Ein Pendel, das die Freundschaft zueinander harmonisch ineinanderklingen ließ.

Ruben:
Ich verstehe nicht, warum die Menschen ihn nicht sehen können.
Sie gehen an uns vorbei, grüßen mich und unterhalten sich mit

mir, während er neben mir steht und nicht beachtet wird. Er ist echt lieb, hört zu und hat immer einen guten Ratschlag. Wenn nicht er, wer dann hätte es verdient, glücklich zu sein? Aber niemand beachtet ihn, und die Leute gehen einfach vorbei. Ein Grund mehr, die Menschheit zu hassen.

Ruben war kein Typ, der sich davor fürchtete, jemandem die Meinung zu sagen. Schließlich konnte er auch jeder Person, die er weit von sich weghaben wollte, auch nur mit dem Spannen seiner Muskeln drohen, was Ruben auch gerne mal machte, wenn ihm mal kein frecher Spruch einfiel. Das Einzige, wovor Ruben Angst hatte, war, einen seiner engsten Freunde zu verlieren, ganz gleich ob in einer Tragödie, durch Tod oder Ähnliches. „Haben Sie alles verstanden?", fragte eine männliche Stimme und Ruben erwachte aus seinem Tagtraum. Er saß bei seinem Anwalt und wollte einen Kaufvertrag für ein Haus prüfen und aushandeln lassen. Das Gespräch fand in der Nähe seines Hotels statt, und Ruben wusste nicht mehr, worum es in dem Gespräch ging. Sein Anwalt wiederholte noch einmal den ihm vorliegenden Vertrag, und Ruben konzentrierte sich wieder hierauf. Nachdem der Vertrag besprochen war, schüttelte Ruben dem Anwalt dankend die Hand und verließ das Büro. Er schaute an dem Gebäude hoch. Es war alt und wurde derzeit einer Renovierung unterzogen. Auf der anderen Seite könnte man einen schönen Ausblick auf den Main haben. Ein Haus kaufte Ruben zwar nicht, aber wenigsten war er jetzt informiert für die Zukunft.

Wieder im Hotel angekommen, wurde Ruben bereits von einem Mitarbeiter erwartet, der ihn fragte, ob er sich oft Leute ins Hotel einlud, woraufhin Ruben den Mitarbeiter komisch anschaute. „Ich lade doch niemanden ins Hotel ein. Was soll denn diese Frage?", antwortete Ruben und begab sich hinter die Rezeption, um sich die Gästeliste anzusehen. Moe hatte sich für 2 Nächte angemeldet, Rechnungsadresse war das Hotel zu Händen von Ruben. Als Name war auch nicht Mohammed mit dessen Familiennamen, sondern Mohammed Wasserstein angegeben worden. *"Was zur Hölle?"*, fragte sich Ruben und schaute sich die Buchung genauer an. „Mädels, diese Buchung könnt ihr stornieren. Ich werde das mit ihm regeln.", sagte Ruben zu seinen Kollegen und nahm seinen Schlüssel, um über den Personalaufzug in sein Büro zu gelangen. *„Was war das für ein Streich? Moe Wasserstein, ich hatte jetzt erst zwei Dates mit dem und ein paar Mal gevögelt. Das war geil. Moe Wasserstein, klingt gar nicht mal so schlecht. Halt. Nicht doch."* Bing, die Aufzugtür ging auf, und Ruben stieg in den Mitarbeiterbereich des Hotels aus. Aus dem Flurfenster konnte man das Krankenhaus sehen, wo sein bester und engster Freund arbeitete. Von seinem Büro aus konnte er fast den Main sehen. Auf Rubens Schreibtisch lagen stapelweise Bewerbungen des diesjährigen Einstellungsverfahrens, und er musste alle zurückschicken. „Fluch eines Ausbildungsleiters.", scherzte Ruben zu sich selbst und erschrak, als plötzlich Moe vor ihm stand, nackt. „Was zur Hölle, Moe!", schimpfte Ruben und zog den nackten, sehr gut aussehenden Araber aus dem Flur in sein Büro und schaute nach, ob sonst irgendjemand auf dem Flur gewesen war. „Was ist, wenn dich jemand gesehen hätte?" Für einen kurzen Moment dachte Moe, dass er Thor ins Gesicht schauen würde und wurde augenblicklich hart. „Ich bin ganz dein, Ruben. Ich liebe dich.", sagte Moe und wollte Ruben küssen. Der große, muskulöse, blonde Mann wich ganz kurz zurück, schaute in Moes attraktives Gesicht und erwiderte sodann den Kuss. Er drückte Moe kurz zurück und schob dann seine Bürotür zu. Mit einem Handgriff konnte er abschließen und grinste Moe frech an. Der Araber war so attraktiv und anziehend und total verrückt, dachte sich Ruben und entledigte sich seines Anzugs. Der Fußboden war zwar rau, aber in diesem Moment genau die richtige Oberfläche für das, was in diesem Moment so intensiv erlebt wurde. Feuer traf auf Gas. Ein unvergesslicher Moment, der in einem Feuerwerk ausbrach und in einem Atemzug verendete. Ruben schüttelte seinen Kopf und schob Moe aus seinem Büro raus. „Zieh dir was an und wasch dich, wir gehen in zwei Stunden essen." Dann schloss er seine Tür und zog sich wieder an, nachdem er sich abgetrocknet hatte. „*Schon verrückt, verliebt zu sein*", dachte sich Ruben und setzte sich wieder an seinen Schreibtisch zurück.

> *HIV ist bei erfolgreicher Behandlung nicht mehr ansteckend. Der/die Betroffene kann ein ganz normales gesundes Leben ohne Einschränkungen führen. Dies ist wissenschaftlich bewiesen. Dennoch haben immer noch eine unendlich große Anzahl Menschen, die der Meinung sind, ausreichend aufgeklärt zu sein, Angst davor und werden entsprechend blöd, um es freundlich auszudrücken. Noch immer werden HIV-Positive von der Gesellschaft ausgegrenzt und für schmutzig befunden. Immer noch zu viele Menschen sind der Meinung, dass die Betroffenen ihnen Schaden zufügen könnten. Das ist falsch.*

Am Abend freute sich Ruben bereits, wieder in seine Wohnung zurückzukehren und dort gemütlich in der Wanne liegen zu können und zu entspannen. Doch daraus wurde nichts. Moe stand im Ausgangsbereich des Hotels und wartete auf ihn. „Ich wollte fragen, ob wir zusammen einen trinken gehen können?", fragte Moe ihn und lächelte mit seinen strahlend weißen Zähnen. Ruben war zwar müde, aber entschied sich, mit seinem neuen Freund wenigstens ein Bier in der Hotelbar zu trinken, bevor er dann nach Hause fahren würde, obwohl die beiden bereits gemeinsam zu Abend gegessen hatten. Schließlich musste er noch etwa 45 Minuten fahren, bevor er sein Bett begrüßen konnte. Daraus wurde doch nichts. Es blieb nicht bei einem ein Bier. Moe erzählte Ruben von seinem Leben. Wie er damals als 5-Jähriger nach Deutschland gekommen war. Wie die Schule war und was er danach angestrebt hatte. Moe war nicht dumm, er hatte nur Pech. Sein erster Tag bei dem Ausbildungsbetrieb, einer Autowerkstatt, war bereits der Horror. Dann wechselte er die Werkstatt und brach die Ausbildung im zweiten Lehrjahr ab. Sodann begann Moe eine Ausbildung zum Speditionskaufmann am Flughafen von Frankfurt, wo er auch denjenigen kennenlernte, der ihn HIV-positiv gemacht hatte. Die Beschreibung des Mannes ließ Ruben kalt den Rücken runterlaufen. Er glich – von der Beschreibung her – jemandem, den er kannte – Herbert. Ruben nahm sein Handy und schrieb Hoang, dass er jemanden kennengelernt habe und ihn Moe vorstellen möchte. „Ich möchte dich meinem besten Freund vorstellen. Er ist Arzt hier in Frankfurt.", sagte Ruben, und Moe lächelte.

Einige Tage später holte Ruben Moe von der Arbeit ab. Der Araber arbeitete in einer Fabrik, die Materialien für Flugzeuge herstellte. In seinem Blaumann war der Araber äußerst attraktiv und Rubens Herz machte einen Sprung. „Kann ich bei dir vorher noch duschen, bevor wir uns mit deinen Freunden treffen?", fragte Moe den großen, blonden und muskulösen Mann im Anzug. „Ja, klar. Aber es ist nur Hoang, mein bester Freund. Wir sind bei ihm zum Essen eingeladen, also haben wir noch ein wenig Zeit.", sagte Ruben und stieg in sein Auto ein. Ruben erzählte Moe, dass Hoang ein Haus besitze und im Moment auf der Suche nach einem neuen Eigenheim wäre. Außerdem würde Hoang nicht kochen, also dürfe er kein großes Diner mit allem Drum und Dran erwarten. „Alles kein Problem. Solange ich deine Familie kennenlerne, ist alles in Ordnung.", sagte Moe, der sich während der Fahrt eine Zigarette anmachte und das Fenster nicht öffnete. „Du rauchst?", fragte Ruben erschrocken und betätigte die automatischen Fensteröffner, damit der Rauch sich nicht in seinem Auto verbreiten konnte. „Ja, wenn ich nervös bin. Und außerdem, warum sollte ich nicht? Schließlich sterbe ich ohnehin früher als alle anderen.", scherzte Moe und erntete einen strengen Blick seines neuen Freundes. „Das ist nicht witzig.", sagte Ruben und steckte sich auch eine Zigarette an. „Du rauchst auch?" – „Ja, wenn ich nervös bin."

Und nervös war Ruben öfter. Er war schließlich äußerst sensibel. Sein Erscheinungsbild war sein bester Schild gegen die äußerlichen Einflüsse, gegen die Härte des Lebens, gegen die Feindseligkeiten, die er in seinem Leben schon miterleben musste. Bei Hoang am Haus angekommen, benutzte Ruben den ihm überlassenen Ersatzschlüssel und öffnete die Tür zu dem Anwesen, welches derzeit für den Weiterverkauf renoviert wurde. Ein Maler kam den beiden entgegen und grinste von einer Backe zur anderen. Ruben ignorierte den Maler und ging mit einem Grußnicken an ihm vorbei. Moe folgte seinem Freund nicht ganz unauffällig, griff dabei dem Maler in den Schritt und schnalzte leise mit der Zunge. Der Maler grinste breit zurück und verließ das Haus. Dass die von Herbert installierte Sicherheitskamera die Szene aufgenommen hatte, wusste niemand. In der Küche angekommen, grüßte Hoang Ruben herzlich mit einer Umarmung und hinterließ Mehlabdrücke auf dessen Anzug. „Du musst Mohammed sein. Ruben hat mir schon ein wenig von dir erzählt.", grüßte Hoang seinen Gast und hielt ihm die Hand hin. Moe, der fast zwei Köpfe größer als Hoang war, grinste mit einer leichten Enttäuschung zurück und antwortete, dass er sich freue. Ruben warf hingegen einen strengen Blick in Moes Richtung. „Ich habe nichts gekocht, aber ich habe was bestellt und versuche gerade, Dessert zuzubereiten.", sagte Hoang, der das Mehl an der Schürze abwischte und wieder zur Küche ging. „Da am Kühlschrank steht eine Liste, was ihr essen wollt. Sucht euch was aus, und ich rufe den Koch an. Der liefert schnell, und das Essen schmeckt lecker." Hoang war kein besonders geselliger Gastgeber, das wusste Ruben schon, aber an diesem Abend war sein bester Freund ein wenig seltsam. Er beobachtete Hoang genau, und sein bester Freund wusste es. Hoang legte ihm eine blaue Mappe vor und lächelte Ruben an. „Was ist das?", fragte Ruben leicht irritiert. „Der Erbschein von Herbert." Ruben las sich das Testament und den Erbschein gründlich durch. „So viel Geld?", stellte Ruben begeistert fest und hielt mit seinem Finger auf die Summe des Erbes. Hoang grinste von einem zum anderen Ohr und nickte. „Was wirst du damit machen?", fragte Ruben seinen besten Freund, der nur beiläufig mit den Schultern zuckte und weiter den Teig knetete.

Der Lieferant des Essens brauchte etwa eine Stunde. In der Zeit bis dahin hatte sich Moe mit Hoang bekannt gemacht und ihm fast sein ganzes Leben offenbart. Das Essen kam, und Hoang servierte fröhlich pfeifend die Gerichte, wobei er die Sauce größtenteils auf seiner Küchenzeile verteilte und das vorbereitete Essen sehr schlampig auf die Teller aufbrachte. „Also in der Gastronomie bist du nicht zu gebrauchen.", scherzte Ruben, der sein Essen unter dem servierten Matsch suchte. „Sorry, du weißt doch, dass ich sowas nicht kann und niemals lernen werde.", lachte Hoang und stellte Moes Teller ab, aus dem nicht mehr ersichtlich war, was das Gericht darstellen sollte. Erfreulicherweise hatte Hoang Tagliatelle mit Lachscremesauce bestellt und das Servieren auf einen Teller somit wenigstens auf einem Teller hinbekommen. Obgleich es schlecht serviert war, hatte das Essen sehr gut geschmeckt, und die drei unterhielten sich ausgelassen über die vergangenen Erlebnisse. Hierbei kam auch Herbert zur Sprache, und Ruben deutete Moe an, nichts über dessen Überträger zu verlauten. Dennoch ließ Moe es sich nicht nehmen, über einen Typ zu reden, der zu einer Motorradgruppe gehörte und ihn damals mit HIV ansteckte. Moe erzählte auch von den vielen Sexpartys, die diese Gang veranstaltet hatten, wo er es wohl damals sich eingefangen hatte. Ruben, der sichtlich immer wütender über diese offenbar „zu ehrliche" Art wurde, gab Moe unter dem Tisch einen Tritt gegen dessen Bein. „Ich habe kein Problem damit, dass du positiv bist. Solange du auf deine Gesundheit achtest und die Medikamente regelmäßig einnimmst, wirst du meinem besten Freund nicht schaden. Das Schlimmste, was du ihm antun könntest ist, ihm eine Erkältung zu verpassen.", sagte Hoang, der sich mit dem Thema während seiner Studienzeit und später kurz während der Facharztausbildung auseinandergesetzt hatte.

Lange nach dem Abendessen und nach einem guten halben Kasten Bier saßen die drei in Hoangs Wohnzimmer, nicht weit von der Stelle, wo wenige Wochen zuvor Ruben Herbert aus der Hundepisse zog, und schauten sich einen Film an. „Ich bin müde.", sagte Moe, der dann aufstand und sich, ohne zu fragen, in Rubens ehemaliges Zimmer begab, wo er sich ins Gästebett legte. Mit einem überraschten Grinsen im Gesicht schaute Ruben seinem Freund hinterher und wieder zu Hoang, der weiterhin einfach nur den Film anschaute. „Ist das nicht ein wenig unverschämt?", fragte Ruben Hoang, der mit den Schultern zuckte. „Wenn er müde ist und mir nicht ins Bett reinwichst, ist es o. k. Aber er hätte fragen können.", antwortete Hoang gelassen und nahm einen Schluck aus seiner Bierflasche. „Bruder! Ich packe ihn jetzt ein und fahre mit ihm zu mir. Sofern das für dich in Ordnung ist.", schlug Ruben vor und setzte seine Coke Zero zum leeren an. „Ich bin auch müde und habe morgen noch ein paar Termine. Aber ich schaue den Film noch zu Ende.", sagte Hoang und nahm einen Plüschaffen in die Arme, der neben ihm saß. Ruben stand auf und ging rüber zum Gästezimmer. Er zog Moe, der bereits tief schlief, aus dem Gästebett, warf den Araber über seine Schulter und richtete mit der freien Hand die Bettdecke ordentlich. Mit Moe über der Schulter gab Ruben Hoang noch einen Abschiedskuss auf die Stirn und ließ seinen besten Freund weiter den Film schauen.

Im Auto erwachte Moe endlich und schaute Ruben verwirrt und leicht wütend an. „Was ist los? Wohin fahren wir?", fragte Moe und versuchte Ruben zum Anhalten zu bringen, indem er zum Lenkrad griff. „Was machst du da?", schimpfte Ruben und bremste ab. „Sag mal, bist du denn noch ganz bei Trost?", wollte Ruben wissen, der am Straßenrand zum Stehen kam. „Du kannst mir doch nicht einfach ins Lenkrad greifen!" - „Ich glaube du spinnst! Warum nimmst du mich einfach weg, ohne mich zu wecken?" Bevor Ruben nochmal antworten konnte, schnallte sich Moe ab und öffnete die Beifahrertür. „Das ist Entführung! Ich rufe jetzt die Polizei!", schimpfte der Araber und knallte die Tür zu. Perplex blieb Ruben in seinem Wagen sitzen und schaute seinem wohl nunmehr Ex-Freund hinterher, wie er die Straße runterlief und wild gestikulierte. Dennoch war Ruben zutiefst verletzt und enttäuscht von Moe. Er wollte dem Mann nur was Gutes tun und ihn mit nach Hause nehmen. Nicht mehr, nicht weniger. Aber so auszurasten war für Ruben nicht verständlich. Er nahm sein Handy und rief Hoang an, um ihm diese kuriose Geschichte zu erzählen. Ein polizeiliches Ermittlungsverfahren gegen ihn wurde nie eingeleitet.

Weihnachten 2016 stand vor der Tür, und Ruben hatte sich mit Hoang für den Weihnachtsmarkt verabredet. Sie schlenderten durch die Einkaufsstraßen von Frankfurt und tranken – Witze reißend – ihren Kinderpunsch, weil beide noch fahren mussten. Hoang traf derweil einige Arbeitskollegen und unterhielt sich fröhlich mit ihnen, während Ruben auf seinem Handy chattete. Plötzlich stand Moe vor ihm und starrte ihn verliebt an. „Was willst du denn hier?", fragte Ruben den Araber. „Ich habe dich vermisst. Du hast nicht geschrieben, nicht angerufen und dich gar nicht bei mir gemeldet.", sagte Moe, als wäre nichts geschehen. „Du hast mich sitzen lassen, obwohl ich dir nichts getan habe.", wehrte sich Ruben und sah, wie sich das verliebte Gesicht des Arabers schlagartig änderte und irgendein **Terror** Platz nahm. Mit lauter aggressiver Stimme schimpfte Moe auf Arabisch Ruben an und versuchte ihn von sich wegzustoßen, was nur schwer zu bewerkstelligen war, weil Ruben größer und muskulöser war als der Araber und zudem nüchtern und bodenständig. Aus der Zeit mit Ahmet verstand Ruben jedes einzelne Wort, das Moe ihm an den Kopf warf, und war kurz davor, dem Araber eine zu verpassen. Er ballte die Faust und starrte Moe wütend an. Seine Lippen bebten. „Verpiss dich!", hörte Ruben jemanden rufen, und Moes Gesicht verblasste. Der Araber hielt inne und verließ den Weihnachtsstand wild gestikulierend. Ruben drehte sich um und sah eine Gruppe Motorradfahrer, wie sie in eine andere Richtung gingen. Das war das letzte Mal, dass er Moe gesehen hatte.

Nach dem Jahreswechsel und einer schönen Weihnachtsfeier mit Hoang erfuhr Ruben, wie sich Moe ihn degradierend bei den sozialen Netzwerken ausgelassen und eine Vielzahl seiner Freunde angeschrieben hatte. Ruben hätte ihn angeblich entführt, vergewaltigt und geschlagen. Alles Lügen. Auch wenn Ruben manchmal wütend war und die Faust heben wollte, hatte er doch genügend Selbstbeherrschung gehabt, um es nur bei einem inneren Wutausbruch ohne körperliche Gewalt zu belassen. Zu gerne hätte er Moe zur Rede gestellt und gefragt, was eigentlich das Problem des Arabers wäre. Schließlich musste sich Ruben damit abfinden zu denken, dass er einfach nur gestört wäre. Im Februar verschwand Moe dann endlich aus den Netzwerken und zog, nach Erzählungen einiger Bekannter, nach Köln zu seinem neuen Verlobten. „Und jetzt muss ich mein Gesicht wieder bereinigen.", sagte er per Videochat zu Walter, der in Berlin saß und ihm erzählte, dass er plante, zurück nach Rodgau zu ziehen, aber Angst hatte, dass Marvin ihn allein zurückziehen ließe. „Wenn er dich liebt, lässt er dich nicht einfach gehen.", sagte Ruben und verabschiedete sich sodann von Walter.

Bereits im Sommer 2017 waren Walter und Marvin wieder in Rodgau, und Ruben freute sich tierisch auf eine tolle Zeit mit dem irischen Brocken. Sie gingen viel gemeinsam essen, waren auf Ausflügen zu verlassenen Burgen und Bergen, und in stillen Momenten erzählte Walter Ruben, dass er Marvin einen Heiratsantrag machen wolle. Den Plan, wie, wann und wo, machten sie dann zusammen mit Hoang, der vorschlug, dass ein Flashmob eine gelungene Überraschung sein könnte. Gesagt, getan. Einige Monate später war es dann auch so weit, und Ruben fand für sich heraus, dass Tanzen ganz viel Spaß macht und eine Choreografie doch nicht so schwer ist, wie er es sich immer vorgestellt hatte. Marvin hatte „Ja" gesagt, und sie gingen später alle – bis auf Hoang, der an diesem Tag ins Krankenhaus zurückmusste – in ihre neue Stammwirtschaft, eine Cocktailbar in der Frankfurter Szene. Und Ruben vergaß, was Moe ihm angetan hatte. Es war auch für den jungen blonden Mann, der als fetter pickeliger Jugendlicher die Welt mit ängstlichen Augen sah, seinen Mut zusammenfasste und sich ins Fitnessstudio quälte, um heute so auszusehen, wie er aussah, ein Neustart. Er lernte Oliver kennen. Einen 5 Jahre älteren Mann, der ihn so ansah, wie Ruben tatsächlich war. Wie einen Mann mit einem großen Herzen. Oliver Bernstein hieß er, und er war für Ruben wie ein Engel, ein Engel im Rockerkostüm. Ein Engel mit tätowierten Armen und ein Oberkörper mit vielen Bildern, die dessen Leben wiedergaben. Oliver hatte eine gute Statur, nicht so muskulös und athletisch wie Ruben, aber gut in Form und vom Hals bis zum Bauchnabel mit Bildern versehen. Wie groß der äußerliche Unterschied doch war, so gleich waren Ruben und Oliver im Herzen. Sie dachten gleich, erfreuten sich an den gleichen kleinen Dingen und hatten sich direkt ineinander unsterblich verliebt.

Oliver Bernstein
„Ich gehörte bis vor einem halben Jahr einer Rockergruppe an. Die hatten so viele Sexpartys gefeiert, mir wurden öfter die Glocken blau davon. Du sollst wissen, dass ich in Scheidung lebe und noch ein wenig Kontakt mit meinem Ex pflegen muss, wegen des Hauses und dem allem.", erzählte Oliver Ruben, als die beiden gemeinsam auf Olivers Couch lagen und ein Film lief. Ruben schaute auf seinen neuen Partner hoch, erkannte, dass er Angst vor seiner Reaktion hatte, und richtete sich auf.
Ruben: „Du musst dich nicht für die Vergangenheit rechtfertigen.
   Ich habe mich nicht wegen der Vergangenheit in dich verliebt."
Oliver: „Aber ich finde, du hast das Recht, alles zu wissen."

Sodann zeigte Oliver Ruben das Haus, in dem er lebte. Es war ein kleines Haus mit zwei Etagen und 6 Zimmern mit zwei Bädern. Das Haus war rustikal eingerichtet und hatte einen schönen weiten Garten, auf dem es einen kleinen Hühnerstall gab, in dem 6 Hühner und ein Hahn lebten. Ruben fand diese Idylle unglaublich anziehend und verglich seinen neuen Freund mit dem, was er vor sich sah. „Du bist ein Softie.", scherzte Ruben und berührte Olivers Schulter. Der Rocker lächelte liebevoll und schaute Ruben tief in

die blauen Augen. Oliver hatte haselnussbraune Augen, einen kleinen Schmollmund und eine hohe Stirn. Zudem trug er Ohrringe und einen Dreitagebart. „Ich bin ein Softrocker.", lachte Oliver und gab Ruben einen tiefen und ehrlichen Kuss.
Ruben: „Rocker also?! Kanntest du einen Herbert Cup?"
Oliver: „Ja. Er hat sich das Leben genommen, weil er Aids hatte und fürchtete, dass sein neuer Partner ihn dafür verklagen würde."
Ruben: „Herbert war mit Hoang zusammen."
Oliver: „Oh Gott, was?!"

KAPITEL 7

Deep in the Shadows

„Die Hochzeit ist ein Bund fürs Leben. Ein Bund, der zwei Seelen miteinander verbindet in guten wie auch in schlechten Zeiten. Ein Bund, der …" – „Stopp!", lenkte Walter ein und schlug Rahmit die Bibel aus der Hand. „Dieses Gesülze passt nicht zu uns. Wir brauchen etwas Moderneres, etwas Schwuleres, etwas Zeitloseres …" – „Stopp!", wandte Ruben ein und steckte Walter eine Sellerieschote in den Mund, während dieser auf dem Laufband versuchte, der 5 km/h-Geschwindigkeit mitzuhalten. Kauend starrte Walter Ruben und Rahmit an, die vor ihm am Tisch saßen und ihm mit seiner Hochzeitsplanung halfen. Ruben, der sich einen Vollbart hatte wachsen lassen, starrte zurück, kniff die Augen zusammen und biss in eine Bockwurst, um Walter zu ärgern. Walter wollte eine Bockwurst. Jetzt auf der Stelle. Fleisch, er wollte es – aber er wollte auch in den Anzug passen, den er sich für seine Hochzeit ausgesucht hatte. In dem Raum wurde es immer wärmer, dachte sich Walter, der dann die letzten Krumen des Selleries sodann hinunterwürgte und den Mund öffnete, um seine nächste Idee auszudrücken. Aber Ruben war schneller und steckte ihm eine Möhre in den Mund. Sie befanden sich seit drei Stunden in dem Keller und grübelten über eine passende Zeremonie, die an dem Tag stattfinden sollte, an der sich Walter und Marvin das erste Mal getroffen hatten. Am 09.02.2018 würde die standesamtliche Hochzeit stattfinden. Mit den engsten Freunden, ohne Familie, und am 10.02.2018, an ihrem Jahrestag, würde groß gefeiert, mit Kollegen, Familie und allem, was dazu gehörte. Walter war supernervös.

Soviel ist in meinem Leben schon passiert, und ich bin der glücklichste Fettfleck auf dieser Welt. Ich habe den Mann fürs Leben gefunden. Einen Mann, der alles für mich tun würde. Einen Mann, der alle meine Fehler versteht und mich nicht verurteilt. Einen Mann, der jedem Pickel in meinem fetten Gesicht mit einem Lächeln begegnet und der mich liebt, wie ich bin. Ich weiß gar nicht, wie ich mir das verdient habe. Meine Welt ist seitdem so bunt und schön. Aus allem scheint die Sonne, ganz besonders aus meinem Arsch. Ich bin verliebter denn je, und ich muss mich zusammenreißen. Verlockung hier und Verlockung da. Verdammte süße Verlockungen.

Flashback, 05.11.2008
„Was tust du da?", fragte Marvin den Mann, der etwas in dem gemeinsamen Schlafzimmer verstecken wollte. Marvin fand seinen Freund öfter kleine Pakete und Tüten in der Wohnung verstecken, die am nächsten Tag jedoch wieder verschwunden waren. Also machte er sich keine Gedanken darüber und lernte weiter für die Ausbildung zum Einzelhandelskaufmann. Sein Freund, ein muskulöser großer Typ mit Glatze und vielen Tattoos, war den ganzen Tag in der gemeinsamen Wohnung, die Marvin mit seiner Ausbildungsvergütung gerade so zahlen konnte. Es gab keine Vereinbarung, wer was zahlte, denn Marvin war in ihn verliebt, in diesen Tobias, mit den vielen Tattoos und den geheimnisvollen Päckchen und der Glatze und vor allem dem 26 cm langen Gerät. Marvin zahlte die Miete, die Handyrechnungen, den Strom und die Möbel, die Tobias vor Kurzem bestellt hatte. Was in den Päckchen war, wusste Marvin nicht. Er war froh, dass es jemanden gab, der seine Zeit mit ihm verbringen wollte, und das auch ohne Kleidung. Bis die Polizei vor der Tür stand und Tobias mitnahm. Von da an begann Marvin sich die Schande hineinzustopfen und nahm innerhalb kürzester Zeit 25 Kilo zu. Seitdem kämpfte der junge Berliner

immer wieder mit dem Gewicht, war mal eine Zeit lang schlanker, dann wieder fülliger.

„Ich weiß gar nicht, ob ich mir das leisten kann.", meinte Marvin, der mit Hoang und Sophie in Frankfurt gerade in einem noblen Geschäft einen Anzug anprobieren sollte. „Wer redet hier von Geld? Es ist deine Hochzeit, Schätzchen!", sagte Sophie, die zwei Hemden in die Höhe hielt, um im Augenwinkel eine Anprobe durchzuführen. Sie schüttelte den Kopf und warf beide Hemden der Verkäuferin auf den Stapel, den sie bereits bei sich trug. „Bringen Sie bitte diese Sachen weg, die sind einfach nicht gerecht.", sagte Sophie und winkte die Frau davon. „Hier, diese Krawatte würde dir gutstehen.", meinte Hoang, der mit einer silbernen Krawatte von Boss kam und diese unter Marvins Kinn hielt. Im Augenwinkel äugte Marvin auf das Preisschild und seine Hautfarbe wechselte von blass zu unsichtbar. „200,00 EUR für eine Krawatte?", fragte er entsetzt und Hoang schaute aufs Schild und zuckte mit den Schultern. „Ist das teuer?", scherzte der junge Arzt in seiner typischen, trockenen Tonlage und legte die Krawatte in das Körbchen, in denen die Stücke lagen, die sie planten für die Hochzeit zu kaufen. Walter, Ruben, Rahmit und Bruno waren ebenfalls in der Zeil zur Anprobe in einem anderen Geschäft.

Flashback, 10.01.2009
„Ich wusste davon nichts, ehrlich nicht.", sagte Marvin, der vor dem Strafrichter als Zeuge vernommen wurde. Verloren schaute Marvin auf und blickte Tobias an, der in Handschellen auf der Anklagebank saß und Marvin keines Blickes würdigte. Schlimmer noch, der Mann grinste selbstsicher den Richter an und tat so, als müsste er sich für nichts verantworten. *„5 Jahre Haftstrafe auf Bewährung. Das war's? Und ich hänge hier mit über 65.000,00 EUR Schulden."* Marvin war zerstört. *„Wie komme ich da nur wieder raus? Was kann ich tun, um die Gläubiger zu befriedigen? Ich muss zur Schuldnerberatung."* Er starrte auf seine Schuhe, Schuhe, die er noch vor Kurzem für 125,00

EUR gekauft hatte. Es waren nur Schuhe, aber diese Schuhe nahmen ihm gerade alle Luft und Leben aus dem Körper. Marvin war niedergeschlagen und enttäuscht und wusste nicht mehr weiter.

Er ging zur Schuldnerberatung und ließ sich einen Plan erstellen. Es waren nicht sehr viele Gläubiger, sodass er innerhalb der nächsten 5 Jahre alle Schulden würde abbezahlt haben können. Er beendete seine Ausbildung zum Einzelhandelskaufmann und bekam den Job in dem Möbelhaus. Sodann zog Marvin in eine kleinere Wohnung, mit einem französischen Balkon in der Nähe seines Elternhauses. Dort konnte er sich wieder freier bewegen und klapperte Tag für Tag, Woche für Woche, Monat für Monat seine Schulden ab. Die Jahre gingen dahin wie im Flug, und Marvin arbeitete und zahlte seine Schulden. Er hatte sich das Leben nach der Ausbildung ein wenig anders vorgestellt. Zeit für Hobbys blieb ihm nicht viel, denn er musste die Schulden loswerden, die Tobias ihm hinterlassen hatte. Und schon war es plötzlich 2012, und Marvin machte seinen ersten Urlaub des Jahres und surfte im Internet auf den sozialen Medien.

Dann entdeckte Marvin den Kommentar von Walter unter dem Foto eines Freundes und schrieb ihn an. So kamen er und Walter ins Gespräch. So kam es dazu, dass sie sich einige Tage später trafen. So kam es, dass die beiden sich verliebten, und Tobias schmorte hinter Gittern und war fast vergessen. Wenn es um finanzielle Dinge ging, hatte Marvin große Angst, sich Walter anzuvertrauen. Es war nicht einfach, alle Karten auf den Tisch zu legen, auch wenn er nicht direkte Schuld hatte und auch wusste, dass Walter ihm helfen könnte. Besonders das Wissen, dass Walter jemand war, der in finanzieller Hinsicht ein großer Fisch war und seinen Lebensunterhalt mit Geld machte, machte es Marvin umso schwerer, sich ihm anzuvertrauen. Aus Angst, als Versager dazustehen und Walter dann zu verlieren, wollte er zunächst schweigen, aber dann entstand ein gewisses Vertrauen. Vertrauen, das so selten war, dass es schier unvorstellbar erschien, dass es so was überhaupt geben könne. „Ich bin hoch verschuldet!", kam es dann aus Marvins Mund raus, als er mit Walter einmal zum Shoppen verabredet war. Walter, der gerade seinen neuen Job bei der Bank angefangen hatte, gab Marvin einen langen Kuss und sagte: „Schaffen wir!"

„Ich suche etwas Altes, etwas Neues, etwas Geborgtes und was Blaues. Und noch einen Penny für den Schuh.", sagte Hoang zur Verkäuferin und widmete sich wieder seinem Telefon, während Sophie endlich ein passendes Hemd für Marvin gefunden hatte und sie jetzt nach dem Anzug suchten. „Ein Kummerbund muss auch noch her.", sagte Sophie, die Hoang mit Blicken anwies, das Telefonat zu beenden. „Was ist das für ein Brautmodengeschäft, wenn es nicht einmal den klassischen Penny für den Schuh für die Braut gibt?", fragte Hoang die Verkäuferin, die ihm einen Katalog hinhielt, wo er etwas Blaues aussuchen konnte. „Wir wollen klassische Tradition mit Zeitlosigkeit und moderner Kunst verbinden.", meinte Hoang und schob den Katalog wieder weg. Das Handy schaltete er auf lautlos und steckte es in seine Jacke. Das komplette Outfit war jetzt ausgesucht, und Marvin sollte in die Anprobe. Hoang und Sophie blieben vor der Umkleide und beobachteten einen bärigen Typ, der in einem schicken Anzug vor dem Spiegel stand und sich begutachtete. „Die Hose ist zu eng.", rief Marvin und hielt die Hose aus der Umkleidekabine. Die Verkäuferin war schneller als Sophie und tauschte die Hose direkt mit einer gleichen und größeren Hose aus.

<u>Ich hätte nie im Leben damit gerechnet, dass ich jemals heiraten werde. Ich werde heiraten. Das muss ich erst einmal verstehen. Ich werde einen Mann heiraten, der mich in allem, was ich tue unterstützt und mir einen Antrag gemacht hat, den ich nur aus dem Internet kannte. Ich werde heiraten. Die Hose ist zu eng, da sieht man meine Juwelen. Ich bin doch so leicht erregbar.</u>

Zur gleichen Zeit am anderen Ende der Straße in einem anderen Brautmodengeschäft probierte Walter seinen Anzug an. Der Anzug spannte im Rückenbereich, und der Hosenbund ging nicht zu. „Ich bin immer noch zu fett für diesen Anzug. Wie soll ich das innerhalb eines Monats schaffen, da hineinzupassen?", schimpfte Walter mit sich selbst und schaute den Verkäufer mit engen Augen an. „Das ist die größte Größe, die wir in dieser Preisklasse haben, Herr Jenkins. Wir haben noch größere Anzüge, aber diese sind ein wenig teurer.", sagte der Verkäufer, und Ruben schaute aufs Preisschild des aktuellen, nicht passenden, Anzugs, in dem Walter nur zum Teil steckte. Ruben verblasste für einen Moment. „Das Geld spielt keine Rolle. Suchen Sie mir einen hellgrauen Anzug, mit royalblauem Kragen und goldenen Knöpfen.", wünschte sich Walter und der Verkäufer schaute auf sein Tablet, ob er was Passendes finden würde. „Wir können einen nach Maß bestellen, ganz nach Ihren Wünschen, Herr Jenkins. Aber schauen Sie mal, das wäre der Preis für einen Zweiteiler, ohne Kummerbund, ohne Hemd und ohne Fliege.", sagte der Verkäufer und hielt Walter, Ruben und Rahmit das Tablet hin: 1.679,00 EUR. „Bestellen Sie mir das, ich habe nicht mehr viel Zeit!", sagte Walter und versuchte sich aus dem Anzug zu schälen. „Wie lange wird es dauern, bis der Anzug da ist?", fragte Rahmit, der Walter half, aus der Hose zu schlüpfen. „Zwei Wochen, plus/minus 3 Tage. Wir haben Winter, es könnte ein paar Tage länger dauern.", antwortete der Verkäufer. „Solange es vor dem 09.02. da ist und ich da hineinpasse, ist alles in Ordnung.", sagte Walter, der gerade in der Unterhose im Geschäft stand. Ein Kunde, der eben das Geschäft betrat, schaute kurz geschockt Walter an und drehte sich weg. **Dich hätte ich sofort aufgefressen, geile Sau**, dachte sich Walter, der den Kunden gesehen und ihn für lecker befunden hatte. Der Kunde hatte einen dunklen Vollbart, kurze dunkle Haare und war groß und stämmig, ganz Walters Typ, ein wahrer Bär von einem Mann.

Marvin war nie der Typ für Anzüge und noble Festlichkeiten, er war eher der Straßenjunge, der Electromusic hörte und gerne mal unter einer mit Graffiti besprühten Brücke mit seinen Freunden abgehangen hatte, bevor sie alle nacheinander entweder verschwunden waren oder hinter Gittern landeten. Marvin war sich sicher, wenn er niemanden fand, der ihn so wollte, wie er war, würde er auch irgendwann sitzen. Dann lernte er Tobias kennen und begann eine Lehre. Dann verlor er Tobias und war kurz vor der Insolvenz. Dann kam Walter, und Marvins Leben änderte sich voll und ganz. Er feierte zwar nicht mehr unter Brücken und verbrachte viel Zeit zu Hause, aber dafür war er sicher und hatte jemanden, der ihn liebte und ihn als Mensch brauchte. Marvin war sich sicher, er hatte sich für Walter verändert, und es gefiel ihm. Jetzt stand er in einem teuren Brautmodengeschäft und trug einen perfekt sitzenden hellgrauen Anzug mit weinrotem Kragen und silbernen Knöpfen und staunte über das Bild, das er sah. *„Jetzt hätte ich gerne noch ein Diadem oder so ähnlich, etwas für auf den Kopf, aber keinen Schleier.",* dachte sich Marvin und blickte lächelnd zu Hoang und Sophie. „Jetzt noch was für die Haare.", sagte Sophie und hielt eine Haarbrosche hoch. „Wie wäre es mit einem Cape? Oder Flügel?", fragte ein junges Mädchen, die auf einem Stuhl saß und Marvin beobachtete, während sie auf ihre Mutter wartete, die mit deren Freundin ein Brautkleid aussuchte. „Sehe ich aus wie ein Engel?", entgegnete Marvin und das Mädchen lächelte süß. „Nein, aber mit Flügeln schon.", antwortete es und sprang vom Stuhl auf. Marvin schaute dem Mädchen nach. „Ein Cape!", weckte ihn die Verkäuferin aus dem Tagtraum und reichte Marvin eine Palette mit verschiedenen Stoffen. „Silber!", sagte Hoang und tastete mit den Fingerspitzen die einzelnen Stoffe ab. Es waren nur noch knapp fünf Wochen bis zum großen Tag.

Einige Tage später waren Walter und Marvin zusammen mit Hoang und Rahmit bei Ruben im Hotel und wollten sich die Festsäle ansehen, wo die Hochzeit stattfinden sollte. Im größten Saal wäre Platz für 500 Personen gewesen, was eindeutig zu viel war. „150 Leute maximal.", sagte Walter, der in seinem Terminplaner die Gästeliste durchblätterte und mit einem Stift einige Namen wieder durchstrich, die entweder aus zeitlichen oder sonstigen Gründen abgesagt hatten. Die Liste war groß, Walter wollte die Welt einladen. Noch nie in seinem Leben war er so glücklich gewesen, und da mussten so viele Menschen daran teilhaben wie nur möglich. Die Liste schrumpfte aber rapide ein. Mehr als dreiviertel der geladenen Gäste hatten bereits abgesagt. Dies tat zwar weh, aber es reichte nur eine Berührung von Marvin, um Walter wieder lächeln zu lassen und den Schmerz zu vergessen. Der Saal war groß, und Ruben erklärte, wie die Tische angeordnet werden könnten, sodass alle das Brautpaar sehen konnten. Schließlich sollte auch eine Tanzfläche her, und dann ging es ans Catering. Walter hatte Schwierigkeiten, sich mit den Speisen auseinanderzusetzen, da er derzeit bereits 17 kg abgenommen hatte und noch dabei war, abzunehmen, langsam, Schritt für Schritt. Um das Menü kümmerte sich sodann Hoang, der dann auch mit dem Mitarbeiter des Hotels in deren Küche verschwand. Ruben schaute seinem besten Freund frech grinsend hinterher, während Walter mit der Luft in der Mitte des Saals einige Tanzschritte machte und dazu summte. Marvin schaute mit Rahmit zu und wunderte sich, wie viel die Hochzeit wohl für diesen Abend kosten würde. „Können wir uns das denn leisten?", fragte Marvin leise in der Hoffnung, dass niemand seine Frage beantworten würde.

„Aber du kannst nicht alles zahlen! Wir sind bald ein Ehepaar! Ich fühle mich so beschissen, wenn ich dich alles bezahlen lasse und keinen müden Cent dazu beisteuere!", schimpfte Marvin einige Tage später mit Walter, nachdem Ersterer einen Brief von der Bank gelesen hatte, in dem stand, dass alleiniger Kreditnehmer für die Hochzeit Walter Jenkins war. Walter, der diese Unruhe in Marvin nicht ganz nachvollziehen konnte, nahm ihm den Brief weg und las ihn noch mal durch. Tatsächlich wurde nur Walter als Kreditnehmer namentlich erwähnt, jedoch stand in einer Zeile, dass der Ehepartner zu gleichen Teilen im Vertrag beansprucht würde wie der Kreditnehmer. Dies wollte Walter Marvin erklären, aber das reichte seinem Verlobten nicht. Der Name fehlte. Marvin hatte sein ganzes Leben lang schon oft genug das Gefühl vermittelt bekommen, nur ein Schatten zu sein. Und selbst jetzt, wo er den Mann für sein Leben gefunden hatte, fürchtete er häufig, in dessen Schatten zu verschwinden. Das konnte Walter nicht verstehen. Marvin drehte sich weg und verließ das Zimmer mit stampfenden Schritten. Bevor er das Zimmer verließ, schnappte er sich einen flauschigen Schal und seine grüne Winterjacke. „Ich gehe spazieren.", sagte er zu Walter und war weg. Walter, der ratlos im Zimmer saß, ließ das Schreiben der Bank fallen und zog sein Telefon aus der Hosentasche. Er sah, dass er 12 neue Nachrichten hatte und grinste verliebt aufs Telefon.

> Unsicherheit ist mein ständiger Begleiter. Ich bin nicht superintelligent, ich bin nicht supergroß, ich bin nicht supermuskulös und nicht superschön. Aber ich versuche ICH selbst zu sein. Es ist wirklich nicht einfach unter einem Schatten hervorzusteigen und die ganze Welt unter sich zu sehen. Ich habe da wirklich viel Angst davor. Ich brauche für eine solche Aktion viel Zeit. Ich bin ein ganz normaler Typ mit einer normalen Schulbildung mit normalen Noten und einer mehr oder weniger normalen Familie. Aber man sieht mich nicht. Ich stehe im Schatten meines Verlobten, und dann stehe ich im Schatten seiner Freunde. Ich stehe im Schatten des Donnergottes und im Schatten des Zenmeisters. Genauso stehe ich im Schatten der Königin, und keiner sieht mich.

Marvin ging im Schnee spazieren und folgte einfach seinen Gedanken. „Schatten.", dachte er, *„immer wieder Schatten."* Obwohl der Schnee die Umgebung heller erscheinen ließ und schöne Bilder formte, war Marvin in seinen Gedanken verloren. Und in seiner Liebe zu Walter. Er verlor sich für sein Leben gerne in Walter, aber irgendwas bedrückte ihn immer wieder. Marvin hatte von der Arbeit aus einige neue Kollegen gefunden, Juliette und Mika, mit denen er sich gut verstand und mit denen er schon öfter weg war, als Walter mal länger arbeiten musste oder sich mit Ruben fürs Fitnessstudio oder mit Hoang für einige sonstige Sachen traf. Es war ein schöner Alltag. Dennoch bedrückte ihn immer wieder irgendwas, irgendwas war in den **Tiefen der Schatten** versteckt. Aber er wusste nicht, was das war, und lief immer weiter durch den Schnee, mit dem Gesicht nach unten, um die Brille vor den Schneeflocken zu schützen. Mit der Sicht nach unten, um nicht unbedingt nach vorne zu sehen. Marvin hörte ein dumpfes Geräusch, und der Schnee vor seinen Füßen war plötzlich weg. Er wachte auf, ihm war kalt. Aber nicht unbedingt dort, wo man normalerweise im Winter friert. Sein Po fror, und Marvin schaute an sich herab. Er musste seinen Winterspeck eindrücken, um sehen zu können, warum sein Hintern fror. Marvin war untenherum nackt. Irgendwer zog ihn aus und ließ ihn im Schnee liegen. Dann merkte er es, er hatte Schmerzen im Lendenbereich. Er spürte seine Beine nicht. Sie waren nicht am Frieren. Die Beine waren taub, und seine Seite schmerzte höllisch. Marvin wollte schreien, bekam aber keinen Ton raus. Er schaute an sich herab, er lag gar nicht im Schnee. Marvin wurde gerade von einem Rettungsdienst in ein Krankenhaus verbracht. Alles war verschwommen, und wo war seine Brille? Der junge Berliner bekam Angst und winkte, aber keiner reagierte auf ihn. *„Seht ihr denn nicht, dass ich was brauche?"*, wollte Marvin sagen, aber er hörte seine Stimme nicht. Ein Sanitäter legte seine Hand auf Marvins Oberarm und schnürte den jungen Mann fest. „Sie sind in guten Händen. Wir sind gleich im Krankenhaus.", sagte der Sanitäter mit einer leicht weibischen Stimme und schaute Marvin nett an. „Sie sind angefahren worden. Keine Angst, wir passen auf Sie auf.", sagte der Sanitäter, bevor Marvin wieder das Licht ausging und er nur noch Schatten sah.

„Er hat mich verlassen!", schrie Walter und hämmerte mit der Faust gegen die Wand, nachdem er bisher zwei Tage weder was von Marvin gehört noch gesehen hatte. Vom Fenster fiel dadurch der dicke Schnee herab, und man konnte die weiße Schneelandschaft von

Rodgau betrachten. Aber Walter war nicht nach einer schönen weißen Landschaft, er wollte wissen, wo sein Verlobter hingegangen war. Ruben, der sich nicht vorstellen konnte, dass Marvin ohne Worte einfach verschwand und Walter stehen lassen würde, versuchte, Marvin auf dessen Handy zu erreichen. Kein Freizeichen. Seit zwei Tagen fehlte jede Spur vom jungen Berliner, nachdem er nach einer Debatte Hoangs Haus verlassen hatte. Auch wurde er weder von Rahmit, Sophie oder Hoang gesehen, die als nächste Haltestellen für einen Abstecher infrage gekommen wären. Walter warf sich seinen von Marvin gestrickten Schal um und verließ ebenfalls das Haus. „Ich fahre rüber nach Frankfurt in die Cocktailbar. Vielleicht hat ihn dort jemand gesehen.", meinte er noch und schloss die Tür hinter sich. Auf seinem Handy war eine neue Nachricht. Walter lächelte, aber ihm war dennoch nicht zum Antworten zumute.

Eine Woche ist es schon her, als Marvin verschwand und Walter wie ein aufgestachelter Vogel jede Ecke von Rodgau, Hanau, Frankfurt und sogar Wiesbaden abgesucht hatte. Er rief bei Marvins Eltern an, und auch sie hatten von ihrem Sohn nichts gehört und nichts gesehen. Der Schnee taute bereits langsam wieder auf, und Walter saß traurig in Hoangs Küche. Er schaute sich die Nachrichten teilnahmslos an und blätterte in seinem Hochzeitsplaner herum. Alles war vorbereitet und bezahlt. Hätte er doch Marvin zum Darlehensvertragsabschluss mitgenommen, dann wäre sein Verlobter noch bei ihm, und er könnte sich auf die Hochzeit freuen, anstatt nachdenken zu müssen, wie er den restlichen 78 Gästen absagen könnte. Sein Telefon vibrierte, und er sah darauf, dass er eine Nachricht erhalten habe. Eine Sprachnotiz eines unbekannten Anrufers. Nicht interessant, also hörte er nicht nach. Eine Stunde, eine Kanne Kaffee und einen Käsekuchen später beschloss er dennoch die Nachricht abzuhören. *„Guten Tag, mein Name ist Flug, ich bin vom Krankenhaus in Offenbach und suche nach einem Herrn Walter Jenkins. Bei uns im Krankenhaus liegt seit einer Woche ein Herr Marvin Sonntag intensiv und wir benötigen weitere Angaben. Bitte rufen Sie uns schnellstmöglich zurück."*

Walter fiel das Handy fast aus der Hand. Marvin lag im Krankenhaus in Offenbach?! Er hörte die Nachricht ein zweites Mal ab und schrieb sich die Telefonnummer der Anruferin auf. Dann rief er dort an und setzte sich in sein Auto. Offenbach war etwa 30 Minuten bei diesem Wetter und zu dieser Zeit entfernt. *„Wie konnte es passieren, dass Marvin in Offenbach landet?"*, fragte sich Walter und fuhr los.

Während der Fahrt verständigte Walter noch Ruben, Hoang, Rahmit und Sophie, dass er einen Anruf von einer Klinik in Offenbach erhalten habe und nun auf dem Weg dorthin sei. Er wusste nicht, was passiert war. Umso größer war seine Angst. Umso mehr hat er sich schuldig gefühlt. Umso schmerzhafter wurde jede Sekunde, die er länger brauchte, um in der Klinik anzukommen. 40 Minuten hatte Walter jetzt gebraucht, um dort anzukommen und im Eingangsbereich von Sophie empfangen zu werden. Seine Transgenderfreundin hatte es von sich zu Hause nicht weit gehabt und war sofort losgefahren. Sie stand in ihren rosa Hasenhausschuhen und Lockenwicklern im äußeren Eingangsbereich des Krankenhauses und rauchte eine Zigarette. „Ich darf da nicht rein. Ich hoffe, es geht ihm gut.", sagte Sophie, als sie Walters fragenden Blick sah. Dann zog sie wieder zitternd an der Zigarette. Sophie hatte Marvin unendlich liebgewonnen und war am Boden zerstört zu erfahren, dass einer ihrer liebsten Freunde im Krankenhaus lag und sie nicht mit ihm sprechen konnte. Walter nahm sie in den Arm und gab ihr einen Kuss auf die ungeschminkte Wange. „Lass uns reingehen."

Walter meldete sich an der Rezeption. Dort erfuhr er, mit wem er über Marvin sprechen konnte, und gab dies Sophie weiter, die auf Ruben, Rahmit und Hoang warten wollte. Der Aufzug schien unendlich langsam zu sein und roch seltsam. Walters Handy vibrierte. Er nahm einen ihm bekannten Geruch wahr und schaute in den Spiegel des Aufzuges. In seinen Gedanken sah er Marvin neben sich stehen, lächelnd und süß. Sein Herz bebte und brach in tausend kleine Stücke. Die Angst wuchs immer mehr. Je näher er seinem Verlobten kam, desto größer wurde die Angst, ihn jetzt zu verlieren. Walter erinnerte sich an dieses glückliche Gesicht, als er ihn um die Hand anhielt. Die Tür ging auf, Walter hoffte, Marvin vor sich stehen zu sehen, aber der Flur war leer. Er schaute auf die Hinweisschilder und suchte nach einem Angestellten, der vielleicht Auskunft erteilen konnte, wo Walter diese Frau Dr. Theobald finden könnte. Eine Krankenschwester, die in einem Büro hinter einem Glasfenster saß, lächelte ihn freundlich an, während sie ein Telefonat führte. Trotz der Eindämmung durch das Fenster verstand Walter, dass sie mit Hoang sprach, weil die Krankenschwester immer wieder „Ja, Dr. Tran.", sagte. Erleichterung machte sich in Walters Herzen breit. Die Schwester legte auf und schob das Schiebefenster zur Seite. „Walter Jenkins?", fragte sie ihn, und er nickte mit betäubtem Gesicht. „Gehen Sie bitte den Flur hier links runter, dritte Tür zur Rechten. Dort finden Sie Dr. Theobald.", sagte die Schwester mit ihrer hellen freundlichen Stimme, und Walter nickte erneut. „Kommt Dr. Tran auch?", fragte Walter. „Nein, hier ging es um einen anderen Patienten." – „O.k.", sagte er und folgte der Wegbeschreibung zu Dr. Theobald.

Ich bin Fleisch. Das verrottende, sich selbst verzehrende Fleisch. Möge die Welt sich an mir ergötzen und ich sie anwidern. Ich bin Fleisch aus einer Laune der Natur heraus und muss jetzt durch diese Tür, wo das Grausamste auf mich wartet, und ich nicht weiß, wie ich und mein Fleisch damit zurechtkommen könnten.

Er öffnete die Tür und schaute hinein. Walter zitterte am ganzen Körper. Wie in fast jedem Krankenzimmer konnte man die Patienten nicht sofort sehen. Er schob seinen 107 kg schweren Körper in den Gang vor dem Badezimmer des Krankenzimmers und schaute kurz um die Ecke. Es waren zwei Krankenbetten zu sehen, das hintere am Fenster war leer. Also musste sein Verlobter im anderen Bett liegen. Er schaute auf die Bettdecke, dann ging sein Blick den Körper entlang hoch ins Gesicht, und Walter musste weinen. Marvin lächelte ihn an. „Hallo Jenkins. Lange nicht gesehen.", sagte Marvin und hob schwer seine linke Hand, um ihm zu winken. Walter stürmte auf ihn los und drückte sein Gesicht auf Marvins Schulter, mit der Stirn an dessen Wange und weinte vor Glück. „Ich habe gedacht, du hättest mich verlassen.", schniefte Walter und küsste Marvin. Dass neben ihm eine Frau stand und gerade Notizen machte, interessierte Walter nicht. Er war nur glücklich, dass sein Verlobter lebte und er ihn sehen konnte. Vor allem war er glücklich, dass er keine Angst mehr haben musste, wieder allein zu schlafen, und dass es immer noch jemanden gab, der ihn und sein Fleisch immer noch liebte. „Ich habe von dir geträumt.", sagte Marvin, der ihn mit seinen schönen Augen anstrahlte und eine Träne aus dem Gesicht des Iren wischte. „Ich habe von dir geträumt.", flüsterte Marvin wiederholend, dann schloss er die Augen schloss und schlief wieder. Walter lächelte ihn an und erinnerte sich, dass die Ärztin neben ihm stand.

Die Ärztin erklärte Walter, dass Marvin angefahren worden war und er immer wieder das Bewusstsein verloren hatte. Es waren keine Knochen gebrochen, und sein Verlobter hatte nur einige Prellungen im Lenden- und Rückenbereich. Allerdings schien er mit dem Kopf gegen festen Untergrund gestoßen zu sein, sodass die Ärzte ihn in ein künstliches Koma versetzt hatten, um ihn regenerieren zu lassen. Das waren für Walter gute Nachrichten. Sein Handy vibrierte immer wieder, aber hierzu hatte Walter keinen Nerv gehabt. Er nahm neben Marvin am Krankenbett Platz und füllte das Formular für die Ärztin aus. Dann schrieb er Ruben eine Nachricht, in welchem Zimmer Marvin liege und dass alles in Ordnung sei. Die restlichen Nachrichten überflog er und blieb kurz bei einem Foto hängen. Er grinste breit und schaltete schnell das Handy aus, als er die Tür hörte. Alle waren da. Alles war gut. Nur noch drei Wochen bis zur Hochzeit. Die Gästeliste war in der kurzen Zeit auf 54 runtergesunken. Das war Walter nun letzten Endes egal geworden.

"Wenn niemand zu unserer Hochzeit kommen wollte, dann sollten sie es doch lassen", versuchte Walter sich einzureden.

Es war nun endlich so weit. In einer Stunde sollte es vorm Standesamt offiziell werden. Walter betrachtete sich im Handspiegel, den Rahmit immer in seiner Handtasche mit sich trug. Die wenigen Pickel konnte Rahmit perfekt verstecken, und den kurzen roten Bart hatte sein indischer Freund ebenfalls wunderbar zurechtgelegt. Jetzt noch ein verführerischer Blick in die Kamera für die sozialen Medien und gleich rein zum Standesamt Offenbach. Walters Anzug saß perfekt. Was hätte er sonst erwarten wollen für knapp 2.000,00 EUR? Zudem hatte er noch einige kleine Änderungen einbauen lassen, um seinen Anzug dem seines in weniger als einer Stunde zukünftigen Ehemannes anzupassen. Marvin war noch nicht da. Er fuhr mit Ruben und Hoang mit. In nicht einmal einer Stunde würde Walter nicht mehr ledig sein. Dann würde sich seine Steuerklasse ändern und vielleicht würde er mal Vater von einem rotbraunen Teufelsbraten. Die Eingangstür ging auf, und die Zeit wurde langsamer. Walter sah, wie Ruben, der geradeso in den Anzug passte und dessen Muskeln die Ärmel beinahe sprengen wollten, lachend die Tür aufhielt und dessen neuer Freund Oliver die andere Tür aufhielt. Dann kam Sophie im roten Kleid rein und lächelte glücklich. Sie hielt ihren Arm aus der Tür und half Marvin die letzte Stufe hoch. Sein Verlobter musste mit einer Krücke zur Hochzeit kommen, aber das wollte Marvin so. Hinzu kam noch der Vorteil, dass Walter und Marvin sich den Tanzkurs ersparen konnten für den ersten Tanz für die morgige Hochzeitsfeier. Die beiden waren für diesen Morgen das zweite Hochzeitspaar und warteten nun nur noch, bis der Saal des Standesbeamten frei wurde. Eine Stunde später waren es Walter und Marvin Jenkins.

Am nächsten Tag fand dann die Feier im Hotel statt. Aus Berlin kamen extra Marvins Eltern angereist, die im Hotel ein schönes Zimmer gebucht hatten. Unter den Gästen befanden sich neben Hoang auch dessen Schwester Minh und deren Ehemann Andreas, Ruben und sein neuer Freund Oliver, Sophie und Bruno, Rahmit in Begleitung eines hübschen jungen Mannes und einige gemeinsame alte Schulfreunde. Ferner waren einige Freunde und Bekannte aus der Community eingeladen worden sowie Arbeitskollegen und Vorgesetzte. Hoang schaute durch den Türspalt in den Saal. Viele der Gäste hatten bereits ihren Platz an den Tischen gefunden und freuten sich über die Willkommensgeschenke. Die Tische waren wunschgemäß in Weiß gedeckt worden. Auf ihnen lagen transparente Regenbogenläufer und kleine Blumengestecke mit Frühlingsblumen. Jeder weibliche Gast bekam ein Samtsäckchen mit einem Parfüm und Blumenanhänger. Jeder männliche Gast erhielt eine Holzschachtel mit einem Taschenmesser und Kondome. Die Kinder erhielten ein kleines Puzzlespiel und Malstifte. Im Saal war es laut. Hoang hörte, wie alle sich fröhlich unterhielten und nicht erwarten konnten, dass das Brautpaar endlich erscheinen würde. Und genau darauf warteten Hoang, Ruben, Oliver, Sophie und Bruno auch. Rahmit war zum Hotelzimmer hochgegangen, um die beiden abzuholen. Walters Mutter und dessen Schwester kamen aus dem Aufzug und gesellten sich kurz zu der Clique, bevor sie dann auch in den Saal gingen und ihren Platz am Familientisch einnahmen. Dort unterhielten sie sich mit Marvins Eltern.

Es dauerte eine ganze halbe Stunde bis Rahmit endlich mit Marvin und Walter erschien. „Die beiden waren gerade mittendrin!", schimpfte der Inder mit belustigter Stimme. „So viel Fleisch hatte ich noch nie auf einmal gesehen, noch nicht einmal beim Metzger.", setzte er fort und ging mit erhobenem Kopf in den Saal. Hoang und Ruben schauten sich an und lachten. Sophie schob Bruno in den Saal und folgte Rahmit an ihren Tisch. Auch Hoang, Ruben und Oliver gingen nun in den Saal und an ihren Tisch. Der Brauttisch stand in der Mitte vor der Terrasse und hatte Blick auf die gesamte Hochzeitsgesellschaft und die Tanzfläche. Rechts daneben waren der Tisch der Freunde und links davon der Familientisch.

Marvin hatte seinen neuen hellgrauen Anzug mit dem roten Kragen an. Dazu trug er den Penny im Schuh, den alten Kummerbund seines Vaters, einen blauen Handschuh und geliehenen Schmuck von Rahmit in den Haaren. Neben ihm stand sein frisch angetrauter Ehemann Walter in dessen neuem hellgrauen Anzug mit blauem Kragen. Dazu trug Walter einen alten Schal seiner Mutter, den sie zu ihrer Hochzeit trug, den anderen blauen Handschuh und geliehenen Schmuck von Rahmit in den Haaren. Ein Traum war Wirklichkeit geworden. Der Saal bebte, alle klatschten fröhlich und warteten darauf, dass das Brautpaar die Gäste willkommen hieß.

Nach der Willkommensrede der beiden, begrüßten sie alle Gäste einzeln an deren Tischen und dankten für ihr Erscheinen und die reichlichen Geschenke. An jedem Tisch haben Walter und Marvin sich von ihrem Fotografen, einem alten Schulfreund, fotografieren lassen. Es waren doch auch mehr Gäste als die 54 auf Walters Liste. Mindestens ein Tisch wurde neu besetzt mit Bekannten aus der Cocktailbar. Zum ersten Mal in ihrem Leben waren Walter und Marvin gemeinsam der alleinige Mittelpunkt des Tages und des Abends. Ruben hatte ein witziges Hochzeitsspiel gebracht, bei dem alle Gäste mitwirken und ein Eurostück in eine Tasche werfen mussten. An diesem Eurostück hatte jeder Gast einen Glückwunschzettel drankleben müssen. Die drei Münzen, die Walter und Marvin aus dem Sack zogen, waren die Segen ihrer Ehe: „Ich wünsche euch ganz viel Sex!", „Ich wünsche euch ein schönes Haus!" und „Ich wünsche euch viele schöne Momente!". Der Rest kam in eine Truhe, die Ruben mitbrachte und die dem Ehepaar *für schlechte Zeiten* mitgegeben wurde. Rahmit und Sophie hatten indische Tänzer organisiert, die den Brauttanz ersetzten und der Feier eine besondere Atmosphäre schufen. Und bevor alle Gäste zum Tanz aufgerufen wurden, hatte Hoang noch etwas mit seiner Schwester und seinem Schwager vorbereitet. Der Flashmob wurde hier in einer leichten abgewandelten Form wiederholt. Der Auftakttanz war gleichgeblieben, im zweiten Lied gingen wie vorher Bruno, Ruben und Rahmit mit auf die Tanzfläche. Im dritten Lied folgten nun Hoang und Sophie. Im vierten Song hingegen wurde anstelle von „Marry You" „The Way You Are" gespielt, und die Freunde hielten Banner hoch, auf denen Bilder von Walter und Marvin zu sehen waren.

Ich habe die Liebe meines Lebens gefunden und ihn geheiratet. Er hat mich stark gemacht, und ich habe ihn in den Himmel gehoben. Aber dennoch wird mir klar, dass das nicht alles war. Ich will mehr. Ich bin ein Sünder. Ich liebe ihn, aber ich fürchte, ich könnte ihn zerstören. Mich hat noch keiner so angesehen. Mich hat noch keiner überhaupt so nackt gesehen wie er. Und ihn habe ich geheiratet.

KAPITEL 8
Invisible

„Wir sind verlobt!"
Rief Walter, als er mit Marvin, Ruben, Rahmit, Sophie und Bruno in deren Stammlokal in Frankfurt, einer hübschen großen Latinococktailbar, eintrat und den Gastwirt, einen muskulösen Brasilianer, begrüßte. „Eine Runde für alle, die da sind!", rief Walter noch lauter, damit die zwei anderen Gäste der Bar seine gute Laune mithören konnten. Es war erst 21 Uhr, und die Bar war gerade mal seit 2 Stunden geöffnet. Marvin trug immer noch sein T-Shirt mit der Aufschrift vom Möbelhaus und hatte keine Möglichkeit gehabt, sich wenigstens frisch zu machen. Aber das war in diesem Moment egal. Das Einzige was nicht egal war, war, dass keiner wusste, wo Hoang blieb. Kurz vor dem Flashmob, den Walter auf Hoangs Idee hin monatelang geplant und vorbereitet hatte, verschwand Hoang und war seitdem nicht mehr gesehen. Auf die Anrufe seiner Freunde reagierte der junge Arzt auch nicht. Er schrieb lediglich eine kurze Nachricht an Ruben, dass er ins Krankenhaus zurückmusste. Hierauf antwortete Ruben, dass sie sich später in der Cocktailbar treffen würden und dass Marvin „JA" gesagt habe. Beide Nachrichten hatte Hoang noch nicht gelesen. Aber das war nichts Neues. Manchmal war Hoang im Operationssaal, und da konnte es dauern, bis er eine Nachricht las und darauf antwortete. Etwas in der Art musste es wohl gewesen sein, dachten sich die Freunde, die nun mehr oder weniger schon einige Cocktails und Drinks intus hatten.

Die Bar war schnell gut besucht, und die Freunde schauten hin und wieder zum Eingang in der Hoffnung, ihren Freund Hoang reinkommen zu sehen. Schließlich war es seine Idee, und er wirkte an fast allen mit, um die Verlobung genauso zu gestalten, wie es Walter sich gewünscht und wie es Marvin verdient hatte. Sophie und Bruno brachen sodann mit Rahmit gegen 1 Uhr nachts auf. Noch immer kein Hoang. „Wird wohl eine lange Operation sein.", sagte Ruben, der sich gegen 2 Uhr von dem zukünftigen Ehepaar verabschiedete. An der Kasse sprach ihn ein großer schlanker Mann mit tätowierten Armen und Vollbart an, den Ruben versuchte, zu ignorieren. Der Schmerz mit Moe saß noch tief beim muskulösen blonden Riesen, aber Ruben wagte dennoch ein schüchternes Lächeln und einen Blick in die stahlblauen Augen des tätowierten Mannes, der ihm freundlich nachschaute, als Ruben die Bar verließ und seine Jacke zuknöpfte. Zwei Treppenstufen später hätte er beinahe Hoang umgerannt. „Dr. Tran!", rief Ruben und umarmte seinen besten Freund. „Das war aber eine lange OP. Schnell, bevor Walibi und Ms. Marvel auch abhauen!", freute sich Ruben und zog Hoang zurück in die Cocktailbar. Walter und Marvin wollten gerade zahlen, als sie Hoang und Ruben entdeckten und den Geldbeutel wieder einpackten. „Noch eine Runde auf mich!", rief Hoang, der den Gastwirt, den er schon lange kannte, umarmte und sodann mit seinen Freunden an deren Tisch folgte. Wie es alle bereits gewohnt waren, hatten sie nicht nach seinem Verbleib nachgefragt, da es normalerweise immer das Gleiche war. Ein Arzt wird eben gerufen und muss Leben retten. Das war Hoangs Alltag.

Der Gastwirt brachte den vier verbliebenen Freunden eine Karaffe Sangria und vier frische Gläser. Dazu bestellte sich Walter eine Flasche Desperados, Ruben mochte nur noch eine Coke Zero, und Marvin bekam ein Gläschen Champagner. Hoang nahm zusätzlich einen alkoholfreien Fruchtcocktail. Auf dem Handy zeigte Marvin Hoang den von ihm gefilmten Flashmob. Seine Aufnahme endete jedoch damit, dass er die Kamera auf seine Hose richtete und das Handy in der Tasche verschwand, weil er Walter dann erkannt hatte und vor lauter Glück nicht weiterfilmen konnte. Schließlich brauchte Marvin beide Hände, um sich das Gesicht zuzuhalten.

„Unser Kameramann wird mir den Flashmob auch noch auf DVD zukommen lassen.", sagte Hoang und nahm einen Schluck vom Cocktail. Der Gastwirt zwinkerte Hoang lächelnd zu, während er einen anderen Tisch abwischte. Es war aber keine Andeutung auf ein Abenteuer, dachte sich Hoang. Schließlich waren er und der Gastwirt bereits lange befreundet.

Hoang:
Wo auch immer ich mich befinde. Ich finde Zuspruch und nette Menschen. Die Leute lächeln mich an, und ich lächle zurück. Aber die Plattform ändert sich so gut wie nie. Ich war noch nie in meinem Leben abgeschleppt worden. Jedes Mal, wenn wir alle zusammen ausgehen und etwas feiern, gehe ich allein nach Hause. Und wer soll das verstehen? Vielleicht bin ich auch nur zu schüchtern?

Nach der Coke Zero und einem Glas Sangria verabschiedete sich Ruben von seinen Freunden und ging zur Kasse der Cocktailbar. Der tätowierte Mann mit den stahlblauen Augen und dem breiten Grinsen wartete ebenfalls an der Kasse, um seinen Deckel zahlen zu können. Ruben betrachtete ihn von oben bis unten. *„Etwas kantig, aber schon heiß."*, dachte sich Ruben, der sich plötzlich Auge in Auge mit dem tätowierten Mann traf und rot anlief. „Hi, ich bin Oliver.", grüßte der tätowierte Mann und hielt Ruben seine Hand hin. Eine große Hand, Handwerkerhand, rau und muskulös. Ruben drückte schüchtern zu, und ein warmer Funkenregen durchströmte seinen ganzen Körper. Es war wie eine Spirale, die im Bauch warm von unten nach oben kreiste und jede Faser des Geistes ummantelte, als wäre diese Spirale eine wohltuende Creme, die eine tiefe Wunde verschloss. „Ruben.", flüsterte er und lächelte Oliver freundlich an. *„Was war das?"*, fragte sich Ruben, schaute Oliver nach und zahlte seinen Deckel. Der tätowierte Oliver trug eine einfache Herbstjacke mit kariertem Muster mit Mütze und winkte Ruben von der Straße aus noch, bevor er in das Taxi stieg und davonfuhr. Ruben blickte dem Taxi leicht verwirrt hinterher und machte sich auf den Weg ins Fitnessstudio.

In der Cocktailbar war es immer noch ziemlich voll, und Hoang machte sich daran, aufzubrechen. Schließlich war er länger als 12 Stunden nicht erreichbar und hatte den geplanten Flashmob verpasst, bei dem er hätte im dritten Song einspringen sollen. Das, was er nicht erzählt hatte, war, dass er nicht im OP gestanden hatte, sondern seinen Körper von oben bis unten hatte untersuchen lassen und sich mit Spezialisten unterhielt, um eine zielgerichtete Therapie auszuarbeiten. Hoang war nun mindestens 2 Jahre lang HIV-positiv und erfuhr es erst an diesem Morgen, nachdem er im Autopsiebericht seines verstorbenen Partners gelesen hatte, dass dieser aufgrund einer Blindheitserscheinung durch einen Tumor, verursacht durch eine Folge von Aids, gegen die Brückenwand gefahren war und sich dann sofort hatte auf HIV und andere Geschlechtskrankheiten Blut entnehmen lassen. Heute Morgen war das Ergebnis da, und seine Kollegin aus der Abteilung der Tropenmedizin hatte ihn angerufen und in ihr Büro gebeten. Diese Sache erzählte er nicht dem frisch verlobten Pärchen. Hoang hatte keine Angst empfunden. Er wusste nur, dass er sich und andere schützen musste, und ihm war, als wäre eine Tür aufgegangen und helles Licht wäre reingekommen. Hoang hatte aber das Gefühl, dass er mehr Farbe verlor. Er musste nachdenken, wie er es seinen engsten Freunden mitteilen sollte. Er war sich nicht sicher, wer es zuerst erfahren sollte. Wen musste er noch darüber informieren? Hatte er in dem letzten Jahr, seit Herbert verstorben war, denn überhaupt Sex gehabt? Wenn ja, mit wem? Marvin hing sich bei Hoang ein, als dieser an der Kasse seinen Deckel zahlte. „Gehen wir was Kleines essen?", fragte der frisch verlobte junge Mann den Arzt, und sie verließen die Cocktailbar. Walter hingegen blieb zurück und unterhielt sich ausgelassen mit einem anderen Gast.

„Herr Wasserstein?!", fragte ein junger Auszubildender im Fitnessstudio Ruben, während dieser am Gerät Gewichte stemmte und seine Brust aus der Haut zu platzen drohte. „Was ist denn?", wollte Ruben schwer atmend wissen und drückte noch einmal aus. „Also, wenn man so als Heterosexueller rund 5 bis maximal 10 Frauen im Leben hat, kann man sich ja glücklich schätzen. Aber wie ist es denn bei den Schwulen und Lesben? Ist es auch so schwierig, an ein gutes reines Date zu kommen?", fragte der Auszubildende, und Ruben starrte ihn verwirrt an. In seinem Kopf musste er nachdenken. „Über Lesben kann ich nichts sagen, aber lass mich überlegen.", meinte Ruben, der weiter Gewichte drückte, während der Auszubildende ihn wartend betrachtete. Ruben war groß, muskulös, äußerst gutaussehend und blond, wie aus einem Magazin oder dem Fernsehen, wie Thor. Ruben musste grinsen. „5 bis maximal 10 Partner? Ist das dein Ernst, Yves?", fragte Ruben den jungen Auszubildenden, der mit Familiennamen auch Ernst hieß. Der Azubi lachte über den Wortwitz. „Wenn du es ganz genau wissen willst, ich komme in die vierstellige Anzahl von Partnern, wenn ich alle zusammenzählen muss und darunter waren 5 Beziehungen." Dem Auszubildenden fiel das Kinn auf die Knie, und er wurde kreideweiß. In Ordnung, Ruben sah auch wirklich gut aus, wer würde nicht auf ihn abfahren, dachte sich der Azubi. „Euch Heteros hätte man als Hure und Schlampe abgestempelt. Bei uns Schwuchteln ist das in etwa normal, so um die 3 bis 500." Der Azubi ging verblasst an ein anderes Fitnessgerät und ließ Ruben weitertrainieren. Es war mitten in der Nacht. Die nächste Schicht würde in 9 Stunden erst anfangen. Dies nutzte Ruben gerne, um seine Muskeln aufzubauen. Und er hatte diesen Oliver im Hintergedanken, diese Augen, dieses Lächeln und diese Hand.

„Wow, das war eine Nacht.", stöhnte Walter, der neben seinem frisch verlobten Partner erwachte und ihn umarmen wollte. Als er seinen Arm um den warmen Körper legte, fiel ihm auf, dass die Brust sehr glatt war und viel fester, als er es gewohnt war. Walter machte seine Augen auf und zog seinen Schritt zurück. Neben ihm lag ein braun gebrannter Mann mit platinblonden Haaren und ebenso hellem Vollbart und schnarchte. Das war nicht Marvin. Definitiv war das nicht sein Verlobter. Jetzt bemerkte Walter, dass er auch gar nicht in seinem und Marvins Schlafzimmer lag, sondern in einem Hotelzimmer, in Rubens Hotel. „Verdammt!", rief Walter und sprang mit seinem massigen Körper aus dem Bett. Er schaute an sich herab, splitternackt und verklebt. Der Mann schlief tief und fest. Walter ging auf die viere und krabbelte um das große Doppelbett herum. Er spitzte über die Bettkante, um das Gesicht des Mannes erkennen zu können. Der Mann sah unglaublich adrett und attraktiv aus. Perfekte Lippen, gepflegter Bart, buschige Augenbrauen und eine porenfreie Gesichtshaut. Dann krabbelte Walter zurück auf seine Seite und suchte dabei seine Kleidung zusammen. *„Wo ist mein Handy? Wo ist Marvin?"*, fragte er sich und schüttelte seine Jacke aus. Kondome, Gleitgel, Taschentücher, Schlüssel, lose Geldscheine fielen aus der Jacke, aber kein Telefon. „Hier ist dein Handy, Schatz.", hörte Walter hinter sich und erschrak. Der Mann sah nicht nur gut aus, er hatte auch eine unglaublich heiße Stimme, und dieser Akzent. Er war Brasilianer, eindeutig, und eigentlich gar nicht Walters Typ. „Ich muss duschen!", sagte Walter, sprang auf und verschwand im Bad. Sein Herz pochte, er hielt sich die Brust fest und wagte dennoch einen Blick aus dem Badezimmer wieder ins Hotelzimmer. Der Mann stand neben dem Bett und zog sich eine Unterhose an. Das Bild war rosarot und schimmerte in Walters Augen, als wäre ein Traum wahr geworden.

Nachdem Walter sich verlegen von dem Brasilianer verabschiedet hatte und mit einem Taxi nach Hause fuhr, traute er sich fast gar nicht, die Wohnungstür aufzuschließen. Er betrachtete gefühlte Tage lang das Klingelschild: W. Jenkins & M. Sonntag. Walter erinnerte sich nicht an die komplette letzte Nacht, aber er wusste, dass es eine unglaublich intensive Nacht gewesen war. Doch wie kam es dazu, dass er nicht mit Marvin geschlafen hatte? Walter wusste nicht mehr, wie er ins Hotelzimmer gekommen war, er wusste auch nicht mehr, wie es dazu führte, dass er diesen Brasilianer ins Bett bekam. Was Walter wusste, war, dass er Marvin gegenüber ehrlich sein musste, und er schloss die Tür auf. Im Hausflur lagen Marvins Tasche und dessen Schuhe wild umher, daneben die Jacke und vor dem Badezimmer das gelbe T-Shirt mit dem Aufdruck des Möbelhauses, in dem Marvin arbeitete. Aus der Toilette kam ein beißender Geruch, und Walter betätigte die Spülung. Marvin schien sich die Nacht übergeben haben zu müssen. Mit zittrigen Fingern berührte Walter den Türgriff zum Schlafzimmer, in dem er hoffte, dass sein Verlobter darin auf ihn warten und ihm verzeihen würde, die erste Nacht nach dem Antrag nicht mit ihm verbracht zu haben. Das Bett war leer. Das Bett war ordentlich gemacht. Das Bett war unbenutzt. Walters Verlobter war die Nacht nicht im gemeinsamen Bett. Walter schloss die Schlafzimmertür und begab sich in die Küche, um sich einen Kaffee zu machen. Es war bereits 14 Uhr. Auf der Pinnwand in der Küche fand er dann eine Notiz von Marvin: „War die Nacht mit Hoang unterwegs. Ich bin dann heim, hab gekotzt, hab geduscht und bin jetzt mit Juliette und Mika shoppen. Ich liebe dich, Marvel." Walter fiel ein Stein vom Herzen. Marvin hatte ihn nicht verlassen und schien von Walters Abgang mit dem Brasilianer nichts mitbekommen zu haben. Dennoch wollte Walter reinen Tisch machen.

Es war der 30.10.2017. Walter hatte immer noch nicht mit Marvin darüber sprechen können, dass in der Nacht der spontanen Verlobungsfeier ein Missgeschick mit Sergio Ramirez, dem Brasilianer, geschehen und er bei diesem im Hotelzimmer gelandet war. Marvin war auch voller Glücksgefühle, und seine positive Aura war unaufhaltsam, denn am nächsten Tag würde er auch seinen Geburtstag feiern, und in Hoangs Haus fand zudem noch eine Halloweenfeier statt. Marvin hatte fünf verschiedene Kostüme besorgt, die er mit Walter anprobieren wollte, und so kam es, dass das Thema Sergio in den Hintergrund gerückt wurde und in Walters Hintergedanken im Schatten der letzten Ecke verschwand, aber in seinem Herzen ein warmes Gefühl aufkommen ließ und ihn dennoch immer wieder an die Nacht erinnerte. Walter erinnerte sich bruchstückmäßig immer mehr daran, was in dieser Nacht geschehen war. Und jedes Mal wurde ihm immer mehr klar, dass er jemanden getroffen hatte, der ihm etwas geben konnte, was er mit Marvin nicht hatte. Gedankenverloren wartete Walter darauf, dass Marvin aus dem Badezimmer kam, um ihm das nächste Kostüm zu präsentieren. Währenddessen schaute er auf sein Telefon. Sergio hatte ihm 12 Nachrichten geschickt, darunter 4 Bilder. Sergio hatte einen gräulichen hellblonden Vollbart, schmale dunkelbraune Augen und lockiges hellblondes Haar. An den Seiten wurde er schon ein wenig grau, und das obwohl Sergio erst 31 war, aber gerade das machte den Brasilianer für Walter besonders attraktiv. Ein Bild war aus dem Fitnessstudio, eines von Sergios Arbeit und die anderen beiden aus seinem Schlafzimmer. „Roar!", schreckte Marvin Walter aus den Gedanken und stand vor ihm in einem Wolfskostüm. Süß, haarig und äußerst attraktiv – jedenfalls für Walter – aber dessen Gedanken blieben einfach nicht bei seinem Verlobten. Er schweifte ständig ab zur Nacht nach der Verlobung, zu der Nacht mit dem heißen Brasilianer Sergio.

Vorletzte Woche fand die Halloweenfeier bei Hoang im Haus statt, und die Leute hatten ein gewaltiges Chaos hinterlassen. Alle hatten zugesagt, Hoang beim Hausputz sodann zu helfen, aber er wurde zu einer Operation gerufen. Deshalb musste der junge asiatische Arzt seine Freunde allein aufräumen lassen, was ihm eigentlich gar nicht in den Kram passte, weil er es schon sehr gerne hatte, zu wissen, wo was in seinem Haus stand, und sagte, was genau wo hingehörte. Bis auf Ruben wusste so gut wie keiner, wo genau Hoang was haben wollte. Walter hatte sich mit dem Vorwand abgesetzt, dass er noch im Büro einige Verträge bearbeiten müsse, allerdings hatte er sich mit Sergio treffen wollen, um mit ihm über diese eine Nacht zu sprechen. Er wollte Sergio loslassen und wieder zurück zu Marvin gehen und ihn heiraten und den Rest seines Lebens mit Marvin verbringen und Sergio nie wieder erwähnen.

Sie trafen sich bei der Bank, bei der Walter arbeitete, gingen in die Bank und durch die Hintertür wieder raus. Sie setzten sich in Sergios Wagen, und Walter schaute den Brasilianer mit erwartungsvollen Blicken und rosigen Wangen an. „Du wolltest mit mir reden?", fragte Sergio mit seinem attraktiven Akzent. Walter war direkt hin und weg, und sein Herz sprang im Zickzack durch die Brust. „Meine Titte bebt wie verrückt.", sagte Walter, und Sergio schaute ihn verwirrt an. „Entschuldige, ich meinte, ich habe Herzklopfen. Ich weiß gar nicht, wie ich das weiter handhaben soll. Es ist so kompliziert.", ergänzte Walter und hielt sich die Brust fest. „Na ja. Ich mag dich. Wir können gerne Freunde sein.", sagte Sergio und ließ den Motor laufen. „Wo fahren wir hin?" – „Ein bisschen zu mir aufs Land." Sie fuhren los. Im Blickwinkel sah Walter noch, dass gerade Hoang mit Arbeitskollegen die Straße überquerte, und hoffte, dass sein Freund ihn nicht gesehen hatte. Es war ein unwürdiges Gefühl, sich jetzt vor seinen Freunden zu verstecken, aber Walter wusste nicht, wie er es sonst anders lösen könnte.

Es kam der Jahreswechsel. Silvester mit allen Freunden, und die Cocktailbar war bis zum Anschlag voll mit feiernden Menschen. Hoang drängelte sich durch die Menge, um den Tisch zu erreichen, an dem bereits seine Freunde saßen. Walter war immer noch auf der Bank beschäftigt, und Ruben brachte seinen neuen Freund Oliver mit. Bevor Hoang den Tisch erreichen konnte, schnappte sich Ruben seinen besten Freund und nahm ihn mit auf die Toilette. „Hoang, ich hatte mich die Tage mit Oliver unterhalten. Er gehörte zu Herberts Motorradgang und erzählte mir, dass Herbert Aids hatte. Ich habe grad Scheißeschiss, Kleiner.", sagte Ruben leise mit zitternden Lippen. „Ich wusste bisher gar nicht, wie ich es dir sagen sollte. Ich bin HIV-positiv. Aber alles in Ordnung, ich habe einen guten Therapieplan und bin schon unter der Nachweisgrenze.", antwortete ihm Hoang mit trockener Stimme und nahm Ruben in den Arm. Der große blonde muskulöse Mann drückte seinen besten Freund fest und hielt ihn lange im Arm. „Und was machst du jetzt?", fragte der große blonde Mann. „Leben. Einfach nur leben und weiter mein Glück suchen und wie du finden.", antwortete ihm Hoang mutig. Ruben lächelte.

Das Gespräch mit Ruben stärkte Hoang, sodass er nacheinander Marvin und Walter, Sophie und Bruno und zuletzt Rahmit seinen Gesundheitsstatus mitteilte. Hoang war auch bereit, seinen ehemaligen Abenteuern den Status mitzuteilen, was allerdings mit keinem so erwünschten Zuspruch einherging. Gerade der Kollege aus einem nahegelegenen Krankenhaus hatte völlig fürchterlich reagiert: „Du hast mich in Lebensgefahr gebracht! Was sollen denn meine Patienten denken?!", schimpfte er und schrieb später noch wüste Beschimpfungen der Art, die unter die Gürtellinie gingen. Dann war Funkstille. Ein anderer sagte nur „O.k.", drehte sich um und rannte davon. Später schrieb der Flüchtling, dass er keinen Kontakt mehr zu Hoang wolle. Zum Glück hatte Hoang mit der Hochzeitsplanung von Marvin und Walter genügend Freizeitbetätigung, dass er nicht über die Reaktionen dieser Männer nachdenken musste und dies auch schnell wieder vergaß. Dennoch war es nicht einfach für ihn. Er brachte es nicht übers Herz, neue Männer kennenzulernen, und verabredete sich nicht mehr mit neuen Bekanntschaften, die ein wenig Interesse zeigten. Er sagte sich, erst wenn er es ganz verstanden hätte, könne er sich frei unter den Männern bewegen. Aber wann hat man denn endlich verstanden, dass man, trotz einer ewig bleibenden Sache, gesund und nicht übertragbar ist? Die einen können das gut, die anderen können das gar nicht, Hoang konnte es vielleicht. Er gab sich alle Mühe, noch so zu sein, wie er immer war, fröhlich, strahlend und optimistisch – aber dieser Status machte es ihm schwer, ehrlich zu lachen, den Sorgen anderer fürsorglich zuzuhören und ein natürliches normales Verhalten an den Tag zu legen.

Das Gefühl, ein Außenseiter zu sein, wurde Hoang nicht los, und der Status grenzte ihn noch weiter aus. Besonders, wenn er mit seinen Freunden einen trinken gegangen war und die wenigen, die davon wussten und sich sonst öfter mit Hoang unterhalten hatten, auf Abstand gingen und keine besonderen Gründe parat hielten. Es gab Situationen, wo er sich fühlte, als würde er in der Luft hängen und die Welt um ihn herum würde ganz weit wegfließen, wie in Trance oder in einem Albtraum, sie floss einfach davon, und er hatte keine Chance, zuzugreifen und sich an etwas festzuhalten und musste allein in der Luft hängen bleiben. Manchmal träumte Hoang nachts davon, dass er Kinder hatte und diese ihm einfach davonliefen und Angst vor ihm hatten. Manchmal träumte er von einem fremden Mann, der sich ihm näherte, um ihn zu umarmen, und dann einfach verschwand und Hoang mit einer Leere zurückließ, die nicht nur ein brutales Stechen in der Brust verursachte, sondern ihn auch seelisch langsam, aber stetig dem Tode zuführte. Einmal wachte Hoang auf, und er wusste nicht mehr, wo er war. Er schaute sich um, war in seinem Schlafzimmer und legte sich wieder aufs weiche Kopfkissen zurück. Neben ihm im Bett lag nie jemand, sodass er sich entschloss, Plüschtiere wie Teddys, Affen, Einhörner und Ähnliches zu horten und diese auf die leere Seite des großen Bettes zu legen. Sein Bruder Cuong, der sein Medizin- und Psychologiestudium mit Auszeichnung beendete, sagte zu Hoang, dass das Horten von Plüschtieren in der Regel einer großen Einsamkeit entstammt, die man durch die Tiere kompensieren möchte. Darin konnte Hoang seinem Bruder nur zustimmen; so gesellig Hoang auch war, er war sehr allein in seinem Umkreis.

Nur noch wenige Wochen bis zur Hochzeit seiner Freunde Walter und Marvin, und Hoang stand im Studio seiner Schwester Minh, in Sporthosen und Muskelshirt – nur ohne viele Muskeln – und versuchte, die Choreografie zu lernen, die seine Schwester und die Tanzgruppe ihm vortanzten. Einen dieser Tänzer kannte Hoang aus der Cocktailbar, er war groß und sportlich, vollbärtig mit dunklen lockigen Haaren und hellen Augen. Genau Hoangs Typ und wohl auch anderer junger Männer und Frauen Typ. *„Konzentration Jun-*

ge! Konzentration!", sagte sich Hoang und versuchte, einige Tanzschritte zu machen. Seine Schwester grinste ihn frech an. Und der Typ schaute ihn auch an. *„Warum schaut er so?"*, fragte sich Hoang und lächelte kurz und stolperte. Nur noch wenige Wochen bis zur Hochzeit, und dann muss das sitzen. Und bei immer wieder der gleichen Stelle stolperte Hoang und landete auf seinen vier Buchstaben. Er blieb einfach sitzen und beobachtete die Gruppe. Am Ende der Übungsstunde erfuhr Hoang, dass der schöne Tänzer eine Freundin hatte, und somit schrieb Hoang ihn sich ab, wie auch alle anderen Typen, die er irgendwie interessant fand. Besser für Hoang, damit konnte er sich auf die Choreografie konzentrieren und diese lernen. Zur Hochzeit hin saß die Choreografie, und Walter und Marvin hatten auch Tränen in die Augen bekommen, Hoang mit allen tanzen zu sehen, schließlich hatte er eine sehr lange Zeit lang nicht mehr getanzt. Seit dem Tod von Herbert hatte Hoang das Bedürfnis zu tanzen verloren und seine Beweglichkeit darin eingebüßt. Er sang auch nicht mehr schlecht zu seiner Lieblingsmusik mit. Ausgehen war meistens eher trüb und langweilig geworden. Aber Hoang lächelte immer tapfer. Als besonderes Hochzeitsgeschenk hatte Hoang Walter und Marvin ein Wochenende in einem Luxushotel auf den Malediven gemacht. Die beiden konnten es nicht fassen und waren außer sich vor Freude. Allerdings hatte Hoang auch eine gute Summe Geld von Herbert geerbt.

Das Erbe machte es Hoang leicht, ein Leben führen zu können, wie die Made im Speck. Er nahm zu. Zwar wurde Hoang nicht fett, aber seine dünne knochige Statur änderte sich, und man sah ihm an, dass er das Leben und vor allem Essen genoss. Hoang war sowieso nie ein Kind von Traurigkeit gewesen, das war allen klar, aber er hatte das Gefühl, dass nicht das Leben selbst, sondern die Liebe ihn verflucht haben musste. Er hatte Freunde, tolle Freunde, Freunde fürs Leben selbst gefunden. Er hatte eine große Familie, eine wachsende Familie und alle waren für ihn da. Hoang hatte Geld, er hatte Freunde und Familie, er konnte fast alles kaufen, was er wollte und brauchte, und das hatte er nicht allein dem Erbe zu verdanken, denn er hatte sich angestrengt, und die Mühe hatte sich ausgezahlt. Man ernannte ihn zum leitenden Facharzt der Onkologie, spezialisiert auf Lungenkrebs, und er bekam einen großen Bonus aus der Forschungskasse für die von ihm eingereichte Versuchsreihe. Er war ein erfolgreicher junger Arzt in seinen 30ern und vergaß irgendwann, dass er diesen Erfolg mit niemandem nachts teilen konnte. Das Bild des erfolgreichen Arztes, der alle Hürden gemeistert und alle Ansprüche erfüllt hatte, verblasste nachts in seinem Schlafzimmer, wo es still war, wo es kalt war und wo er allein war. Einsamkeit – ein Freund vieler Menschen, aber diese Form von Einsamkeit, die kannten nicht viele. Eine Einsamkeit, die von innen heraus alles um einen herum nichtig macht und einen innen frieren lässt. Du hast so viele Freunde und ein erfülltes Leben, aber du hast auch diese eine tödliche Einsamkeit. Es war für Hoang nicht einfach, sich einem Mann zu öffnen und ihm zu sagen, dass er nur allein war, weil er Angst hatte, dass wenn er einen Mann mochte, er ihn damit verscheuchen würde, wenn er sagte, dass er HIV-positiv sei.

Die Tage und Monate vergingen. Hoang konnte beobachten, wie seine Freunde alle in Liebesdingen voranschritten und sich entwickelten. Ruben hatte sich mit Oliver verlobt. „Ich habe die Liebe meines Lebens gefunden und brauche keine offene Beziehung!", sagte Oliver an Hoangs Geburtstag zu ihm und zeigte ihm den Ring, den er Ruben beim Antrag schenken wollte. Es war ein schöner Silberring mit einem Saphir, passend zu Rubens Familiennamen. Und es sollte eine besondere Überraschung sein, ganz romantisch an einem Wochenende in Köln. Oliver hatte sich alles genau überlegt, mit Rosen auf dem Bett und Kerzenschein. Diese Verlobung ging im Gegensatz zu Walters Antrag recht schnell, aber auch Ruben wollte sich bereits mit Oliver verloben. Der rockige Mann mit den tätowierten Armen kam dem muskulösen Mann aus dem Modemagazin jedoch zuvor. Rahmit hingegen wurde schnell zum Youtube-Sternchen und hatte ein Abenteuer nach dem anderen. Nur

Hoang blieb die ganze Zeit über allein. Er beobachtete gerne seine Freunde, wie es ihnen gut ging und wie sie am Leben wuchsen. Nur verlor Hoang Walter irgendwie aus dem Blick. Sein stämmiger irischer Freund zog sich immer öfter zurück und war auch einige Zeit nicht erreichbar. Marvin hingegen traf sich regelmäßig mit Hoang zum Kaffee oder um mal einen trinken zu gehen in ihrer geliebten Cocktailbar. „Was macht die Liebe?", fragte der Wirt eines Abends und schenkte Hoang, der an diesem Abend allein dasaß und auf Marvin wartete, einen weiteren Shot ein. „Da tut sich nichts.", lachte Hoang und trank seinen Shot aus. Beide lachten. Eigentlich hatte Hoang nicht viel zu lachen, denn tief in seinem Herzen weinte Hoang tagelang. Innerlich starb Hoang jeden Tag ein wenig mehr. Und keiner seiner Freunde oder Bekannten konnte das sehen. Aber Hoang blieb tapfer und lächelte immer. Er war zwar HIV-positiv, aber in seiner Haltung gegenüber der Welt und seinen Ansichten nach stets lebensbejahend eingestellt.

„Dr. Tran! Bitte Operationssaal in Etage 2.", sagte die Anlage, und Hoang legte Sophie auf. Kurz zuvor hatte er mit ihr telefoniert und mitgeteilt, dass es eine Chance gebe, den Krebs in der Brust ihrer Mutter am Wachstum zu hindern. Hierfür wäre eine Operation notwendig, die allerdings nicht ohne Risiken einhergehen würde. Es bestünde die Möglichkeit, dass Elisa diese Operation nicht überleben könnte. Die Schwierigkeiten der Operation hatte Hoang Sophie per E-Mail detailliert übersandt, bevor er sich auf den Weg in den OP machte. Er warf noch einen Blick auf den Operationsplan und verschwand im Waschraum. 7 Stunden später kam er zufrieden heraus und betrachtete das Krankenblatt. Er füllte ein Formular aus und wollte bereits wieder zurück in sein Büro, um einige Akten zu bearbeiten. Als leitender Facharzt hatte Hoang weniger Stress mit den Patienten und konnte öfter gemütlich am Schreibtisch arbeiten. Jedoch kam ihm Sophie im Gang entgegen. „Bitte übernimm die Operation.", sagte sie mit verweintem Gesicht. Die OP-Schwester hielt Hoang das Notfallformular hin, und er überflog schnell die Daten. „Ich tu, was ich kann.", sagte Hoang ehrlich und hoffnungsweckend. Er ließ Sophie im Gang stehen und folgte der Schwester zurück in den Operationstrakt. Sophies Mutter Elisa lag bereits vorbereitet unter Narkose auf dem Operationstisch. Hoang musste einen kühlen Kopf bewahren, schließlich war diese Frau wie eine zweite Mutter für ihn in seiner Jugend und einige Jahre später nach dem Medizinstudium eine sehr gute Freundin. Er schaute auf die Bilder und überlegte kurz, welche Maßnahme er wohl als Erstes durchführen würde, um diese Frau, die ihm unendlich wichtig war, das Leben retten zu können. Hoang setzte das Skalpell an und schnitt. Er war konzentriert und zielsicher.

Er spazierte mit seinem Kind und seinem Hund, einem Polarbären, über die von der Sonne beschienene Wiese und erfreute sich an dem Anblick, wie seine Tochter lachend in die Höhe sprang und Blumen regnen ließ. In der Ferne hörte er seinen Ehemann nach der Familie rufen und drehte sich um. Plötzlich stand er in einem kalten Büro und schaute jemandem in die hellen besorgten Augen. Seine Hände waren blutverschmiert und er ruinierte den Anzug des Mannes. Einige Sekunden später war Hoang wieder wach und starrte auf den feuchten Fußboden des Kellers, in dem er sich befand. Er erinnerte sich, dass Marvin ihn im Operationssaal angerufen hatte und etwas ganz Fürchterliches geschehen war. Dann konnte er sich nicht mehr konzentrieren und gab das Skalpell an den Kollegen ab und verließ den OP-Saal. Es funkelte noch einmal auf, und Hoang war wieder auf dieser schönen Blumenwiese. Er spürte, wie er sexuell erregt war, und spürte, wie man ihn berührte und ihn benutzte. Keine Sekunde später starrte Hoang wieder in diese hellen Augen des Mannes im Anzug, der ihn hilfesuchend anschaute und ihm zuflüsterte, ihm doch Hinweise zu geben. Bruchstücke seltsamer Situationen sammelten sich in Hoangs Kopf und blitzten im nächsten Moment wieder fort. Immer wieder schaute er auf diesen kalten Fußboden. Eine Hand griff nach ihm und führte ihn in die Kälte. Er wusste nicht, wo er war, wie viel Zeit wohl vergangen sein musste, seit er die Tür hinter sich geschlossen hatte und nun hier, auf den feuchten Fußboden dieses Kellers starrend, gestrandet war. *„Ich habe es wohl geschafft, ich bin **unsichtbar**."* Hoang tastete sich an der kalten Wand entlang und verlor sein Bewusstsein. Er schaute an sich selbst herab und beobachtete, wie einige Menschen sich um ihn kümmerten und es plötzlich so hell und warm wurde.

KAPITEL 9
Eternity

„Dr. Tran ist nicht im Haus. Er ist terminlich unterwegs."
Ruben: „Danke. Wann ist er wieder zu erreichen?"
Schwester: „Dr. Tran wird etwa um 17 Uhr wieder da sein. Soll ich ihm eine Rückrufbitte notieren?"
Ruben: „Nein, danke. Ich versuche es auf seinem Privattelefon. Vielen Dank."

Enttäuscht legte Ruben auf, nachdem er jetzt wiederum fast eine Woche nichts mehr von Hoang gesehen und gehört hatte. Immer wieder hatte sein bester Freund Operationen und Termine gehabt und war nicht erreichbar. Und auf Rückrufe reagierte Hoang auch seltsamerweise nicht. Daher entschloss sich Ruben mal bei seinem besten Freund zu Hause vorbeizuschauen und benutzte seinen Ersatzschlüssel für Hoangs Haus. „HOANG?!", rief Ruben in das dunkle Haus und er hörte sein Echo. Es war, als wäre das Haus leergeräumt und seit Längerem niemand mehr dort gewesen. Ruben erinnerte sich, dass Hoang ihn einmal anrief und sagte, dass etwas passiert wäre. *„Was war da passiert?"*, fragte sich Ruben und erwachte aus seinem Traum. Er lag auf seiner Couch in seiner Wohnung, es war mitten in der Nacht. Ruben hatte öfter mal Träume, wo er nach jemandem suchte und es eigentlich keine große Bedeutung hatte. Aber dieser eine Traum wirkte so real. Als hätte Ruben das schon erlebt. Er schaute auf sein Handy. 17 Nachrichten, 3 davon waren von Hoang, 4 von Walter und 9 von Mitarbeitern, aber diese eine Nachricht … Dieser Oliver. Ruben machte sich Gedanken über diesen Mann. Er schien ihn irgendwo schon einmal gesehen zu haben, konnte ihn aber nicht einordnen. Er antwortete ihm und wartete auf die richtige Nachricht. Dann schrieb er Hoang: „Wo bist du?"

„Ich bin gerade bei meinen Eltern. Melde mich morgen bei dir.", schrieb Hoang Ruben zurück. Das reichte Ruben aus, um sich wieder zu beruhigen und seine Sorgen zu vergessen. Es war manchmal über einige Tage so, dass er von Hoang nichts hörte und nicht mit ihm schreiben oder sprechen konnte. Ruben liebte es, sich mit Hoang über alles und die Welt unterhalten zu können, denn keiner verstand den großen, blonden Mann so gut wie sein bester Freund. Er setzte sich an seinen Computer und schaute ein wenig auf You-Tube Clips. „Und jetzt mit dem Eyeliner eine gerade Linie über die Schattierung ziehen.", sagte Rahmit in die Kamera und zog sich eine perfekte Linie und lächelte mit seinem Schmollmund. Ruben musste lachen, schaute sich den Clip bis zum Ende an und verlinkte ihn auf seiner Seite in den sozialen Medien. Seit einiger Zeit probierte Rahmit mit Sophie Schminktipps aus dem Internet aus und filmte sich dabei. Rahmit lernte Sophie vor einigen Monaten kennen, nachdem sie bei ihm im Geschäft auftauchte und Schmuck suchte. Rahmit hätte niemals gedacht, dass Sophie ein Mann gewesen war, das Make-up war schließlich perfekt. Rahmit und Sophie verstanden sich auf Anhieb sehr gut und entdeckten viele Gemeinsamkeiten. Dennoch war Rahmit im Gegensatz zu Sophie vollkommen Mann und liebte seinen Körper und dessen männlichen Vorzüge. Die behaarte Brust trainierte er zweimal die Woche mit Ruben im Fitnessstudio. An zwei anderen Tagen ging er mit Marvin und Hoang joggen. Und in der restlichen Freizeit genoss er mit Walter das gute und vor allem gesunde Essen. Mit Sophie verstand sich Rahmit so ausgezeichnet, dass er ihr einen Job in seinem Geschäft anbot, und gemeinsam kamen sie auf die Idee, eine Erotikabteilung in den hinteren Räumen des Juweliergeschäfts zu eröffnen. Seitdem boomte das Geschäft. Viele Männer und auch viele Frauen kamen ins Geschäft und kauften das eine oder andere ein. Vor allem der Erotikstore im Hinterzimmer lief besonders gut. Und mit Sophie als Geschäftspartnerin konnte Rahmit auch öfter mal ein oder zwei Tage Auszeit nehmen und seinem neuen Hobby nachgehen, dem Drag. Im Moment wurde für die Verlobung von Walter und Marvin geübt und getanzt.

Aber der Drag blieb nur ein Hobby. Rahmits Leidenschaft war und blieb das Goldschmieden. Und er gewann sogar einen Preis für den modernsten Schmuck des Jahres 2017, Gesellenklasse. Sophie hatte ihn für diesen Wettbewerb angemeldet und ihm vorgeschlagen, es auch mal mit Intimschmuck und Piercings zu versuchen. Die Schmuckstücke verkauften sich sehr gut und ließen sich nicht schneller herstellen, als die Nachfragen hierzu hineinkamen. Es musste nur ein Katalog erstellt und in der Community verteilt werden. Das kostete zwar Geld, aber dieser Betrag war lachhaft im Vergleich zu dem Gewinn, den Rahmit und Sophie daraus machten. Eine weitere Mitarbeiterin musste her, eine Studentin, die einen Nebenjob brauchte, Mika Gostrova, die nebenbei auch im Möbelhaus arbeitete und mit Marvin befreundet war. Mika brauchte Geld und Rahmit brauchte nette Verkaufskräfte. Manchmal saß er noch bis in die späten Nachtstunden in seiner Schmiede und fertigte Schmuck an. Er liebte diesen Beruf, diese Präzisionsarbeit und vor allem, die strahlenden Augen der Tussis und Schwuchteln, wenn sie ihre Schmuckstücke abholten und im Hinterzimmer anprobierten. Manchmal sah Rahmit dann doch ein bisschen zu viel. Aber dennoch freute er sich darüber. Es war ein Traum für den jungen Inder, und er lernte Lucky kennen, dessen eigentlicher Name Philipp Lukas war. Ein Geschäftsmann aus Köln, der halb Westdeutschland bereiste, um Schmuck zu kaufen und zu verkaufen. Lucky blieb einige Zeit in Frankfurt, sodass er es nach Rodgau nicht weit hatte und Rahmit auch außerhalb der Arbeitszeiten besuchte. Die beiden verstanden sich auf Anhieb und verliebten sich ineinander. Philipp aka Lucky war fast einen Kopf größer als Rahmit, stämmig muskulös und bärig. Er hatte einen dunklen Vollbart und kurzes dunkles und kräftiges Haar. Rahmit mochte Luckys fröhliche, freche Art und vor allem seinen Tanzstil, der unkoordiniert und wild war. Man musste ihm beim Tanzen zusehen.

„Wie habe ich mich gefühlt, als ich es gehört habe? War ich entsetzt? War ich verstört? Hatte ich Angst, oder war es mir gleich?", ging es Hoang durch den Kopf, als er eines Abends in seinem Haus allein vor dem Fernseher saß und den Film **Philadelphia** schaute. Er konnte sich gar nicht erinnern, was er gefühlt hatte. Aber er hatte keine Angst. Ihm war nicht einmal komisch. Er fühlte sich zurück. Eigentlich wollte er tanzen, Spaß haben und darauf hoffen, dass Marvin zu Walters Antrag „Ja" sagte. Stattdessen musste er einen Schnelltest machen, um Allergene auszuschließen. Dann noch besprechen, welches Medikament am ehesten und am schnellsten Wirkung zeigen würde, um unter die Nachweisgrenze zu kommen. Anschließend hatte Hoang noch einige Telefonate mit seiner Anwältin geführt, die den gleichen Namen als Familienname trug wie seine Schwester den Vornamen. Eigentlich hatte er sich diesen sonnigen Herbsttag fröhlicher vorgestellt. Aber ihm war einfach nur taub. Er fühlte sich taub an diesen Tag, an dem Tag, an dem er erfuhr, dass er möglicherweise früher als alle seine Freunde sterben könnte, und dass nur, weil er die Liebe gesucht hatte und diese Liebe zu blöd war, um sich selbst regelmäßig zu testen. *„Na schön, ich glaube, ich war wütend!"*, dachte Hoang noch mal nach. Aber nicht wütend auf Herbert, nein, wütend auf sich selbst. Aus welchen Gründen auch immer hatte er Herbert vertraut und ihn reingelassen. Aus welchen Gründen auch immer war ihm Liebe wichtiger gewesen als Leben. Jetzt war es zu spät. Er musste akzeptieren, dass seine Ausgrenzung zu der Community noch weiter ausgebreitet werden würde, wenn die wenigen, die sich mit ihm in der Szene unterhielten und ihn sahen, erfahren würden, dass er HIV-positiv war. Genauso kam es auch. Viele Leute, mit denen er sich zuvor unterhalten konnte, und auch ab und zu mal welche, mit denen er Sex hatte, haben sich von Hoang abgewandt und ihn aus der Freundesliste in den sozialen Medien geworfen. Es hatte sich einiges verändert. Nahezu alles hatte sich verändert, und gleichzeitig war auch gar nichts anders. Hoang wollte es zuerst Ruben erzählen, aber sein bester Freund war schneller und kam dahinter, als er sich verliebte und

Oliver ihm offenbarte, was dieser schon lange vor Hoang wusste. Verklagen konnte Hoang Herbert nicht mehr, und es machte eh keinen Sinn, weil er ja ohnehin das ganze Vermögen geerbt hatte. Danach erzählte er es Sophie und Bruno. Und weiter Walter und Marvin. Und von ihnen waren sie alle noch da. Wenn das nicht alles war, was ein Mensch brauchte, dann brauchte er gar nichts mehr. Es dauerte keine 2 Monate, bis er unter der Nachweisgrenze war. Hoang war zufrieden mit seinem Leben und konzentrierte sich auf seine medizinische Fortbildung. Er nahm auch wieder körperlich zu und begann, Sport zu machen, wenn viel essen und ein paar Gewichte heben unter Sport fällt.

(Oliver Bernstein, 05.10.2018)
„Du bist mein Engel. Ich habe mich in deine Stärke, deine Verletzlichkeit, deinen Mut und in deine Unnachgiebigkeit verliebt und werde jedes weitere Wesen deiner Seele bis zum Ende unserer Tage lieben. Ich verspreche dir, dich zu tragen und an deiner Seite zu stehen und dich zu ehren in jeder Lebenslage, die wir gemeinsam beschreiten werden. Ich bin dein."

(Ruben Bernstein, geb. Wasserstein, 05.10.2018)
„Mein Geliebter. Ich habe nie für möglich gehalten, dass es jemanden geben kann, der mich genauso nimmt, wie ich bin. Der nicht nur meinen Körper sieht, sondern auch meine Seele und mein Herz. Ich verspreche dir, dass ich immer der Mann sein werde, in den du dich verliebt hast, und dass ich jeden einzelnen Moment mit dir in meinem Herzen tragen werde und es mit allem schütze, was mir möglich ist. Ich bin dein."

Mit diesem Versprechen wurden Oliver und Ruben vor Zeugen am 05.10.2018 verheiratet. Sie feierten in einem kleinen Kreis und fuhren sodann zwei Wochen auf die Malediven. Nach Rubens Rückkehr aus den Flitterwochen zog er bei Oliver ein, der ihm offenbarte, dem Traum eines eigenen Restaurants näher gekommen zu sein. Ein Makler aus Köln habe die Weinberge, die Oliver schon immer toll gefunden hatte, online gestellt, und die wären sogar erschwinglich. Das Einzige war, dass er und Ruben dann dort in die Gegend ziehen mussten. Ruben war offen für Neues, aber er wollte nicht einfach Hoang und die anderen zurücklassen, weil er die große wahre Liebe gefunden hatte und mit ihm jetzt Träume verwirklichen wollte. Besonders Hoang wollte er nicht einfach stehen lassen. Aber sein bester Freund nahm es locker an. Er gab Oliver sogar ohne Weiteres eine Stange Geld. Hoang konnte schon ein wenig verrückt sein, auf seine Art und Weise.

Aber bis es so weit war, blieben Ruben und Oliver in der Frankfurter Gegend und machten ihre Arbeit, trafen sich mit ihren Freunden und waren einfach ein glückliches verheiratetes Ehepaar. Oliver erzählte Hoang, dass er Herbert gut gekannt hatte und ihm immer wieder zureden wollte, sich doch mal auf Krankheiten testen zu lassen, Herbert hingegen stur wie ein Stier immer dagegen war und die beiden sich oft in den Haaren hatten. Nach der Beerdigung von Herbert legte Oliver dem Mann einen Bronzering auf den Grabstein und schlug diesen tief hinein als Symbol, damit der Ring ihn im Leben nach dem Tode schützen sollte. „Eine nette Geste. Es wäre auch okay gewesen, wenn ihr den Grabstein zerschmettert hättet.", sagte Hoang dann kühl und schrieb etwas auf eine Serviette. „Wieso denn das? Wir waren eine gute Gruppe. Aber nach Herberts Tod haben wir uns alle voneinander getrennt und wollten ein Leben beginnen, ohne die halbe Stadt zu vögeln.", meinte Oliver ein wenig wehmütig. „Kein Problem. Ich meinte nur, wenn jemand auf ihn sauer gewesen wäre, dann könnte ich das besser verstehen, als dass ihm jemand alles Gute wünschen würde." – „Ich hätte Herbert zusammenschlagen und in die Mülltonne werfen wollen.", meinte Ruben kichernd und erntete einen strengen Blick seines Ehemannes. „Er ist nun tot, und wir alle leben. Gibt es denn nichts Besseres? Außerdem hat er mir genügend Geld hinterlassen, um die halbe Welt bereisen zu können.", sagte Hoang und die drei wechselten das Thema. Sie saßen zusammen in einem großen Restaurant und genossen das Frühstücksbuffet. Wie so oft eine halbe Stunde zu spät, kamen auch Rahmit und sein neuer Partner Lucky in dem Restaurant an.

Im Hause Jenkins hingegen ging es nicht immer friedlich zu. Walter blieb öfter lange weg und kam erst spät oder gar nicht nach Hause. Marvin hatte aufgrund seines Verkehrsunfalls ab und an starke Kopfschmerzen und konnte helles Licht nicht ertragen, was Walter aus irgendeinem Grund auf die Nerven ging, wenn das Licht wieder gedimmt oder ausgeschaltet wurde. Walter mochte Licht und helle Räume, er mochte es, bestrahlt zu werden und sich in Wärme und Anbetung zu baden. Manchmal schlief Marvin deshalb im Badezimmer in der Badewanne, um seinen Kopf zu kühlen und vorm Nachtlicht, welches Walter immer anließ, geschützt zu sein. Wenn es nicht die Kopfschmerzen waren, war es die fehlende Anwesenheit, die Marvin erleben musste und daher öfter mit Mika und Juliette ausging. Auch fuhr er gerne zu Hoang ins Krankenhaus und genoss einen billigen Kantinenkaffee mit dem kleinen Asiaten. Marvin erzählte Hoang, dass er und Walter sich öfter gestritten hatten, manchmal wegen Geld, manchmal wegen Kleinigkeiten wie das Nachtlicht oder auch, weshalb Walter oft so viel arbeitete. Einmal fiel der Kommentar, dass er wohl der Hauptverdiener der Familie sei und Marvin ihm da nicht reinzureden habe. Manchmal weinte Marvin deshalb bittere Tränen. Walter war Marvins Ehemann. Walter hatte Marvin den Antrag gemacht, aber Walter hatte sich verändert. Er war nicht mehr der Mann, in den Marvin sich verliebt hatte, und er war nicht mehr der Mann, mit dem Marvin sein Leben teilen wollte. Diese Gedanken behielt Marvin für sich selbst. Es war ihm, als wäre es eine **Ewigkeit** her, als es noch schön und friedlich war.

Es war der 29.10.2018, ein Jahr nach dem Antrag. „Herr Jenkins!", hörte er nach ihm rufen. Er musste sich immer noch daran gewöhnen, nicht mehr Sonntag zu heißen. Marvin legte die Lampe aufs Regal zurück und lächelte seinen neuen südländischen Arbeitskollegen an. „Was gibt's denn?", fragte er den Kollegen, der Marvin seine Hand hinhielt. „Ich hatte eben einen Anruf im Büro gehabt. Die Dame am Telefon sagte, dass Sie heute unbedingt früher nach Hause fahren sollten. Um 16 Uhr ist die Schicht zu Ende Herr Jenkins.", meinte der Kollege und ließ Marvin wieder am Regal stehen. Verdutzt schaute Marvin seinem Kollegen hinterher und betrachtete derweil auch dessen Hinterteil. Marvin ging zu seiner Kollegin Mika, die bei seiner und Walters Hochzeit ebenfalls dabei gewesen war und erzählte ihr von der kuriosen Szene. „Wenn er dir für heute Nachmittag freigibt, dann würde ich das machen, mein Guter.", sagte Mika, die kleine russische Kollegin mit der Oberweite einer Theke und den dunklen langen Haaren, die immer wieder die Blicke der Kundschaft auf sich zog. Marvins andere Kollegin Juliette scherzte immer über Mikas Oberweite, weil sie hingegen 180 cm groß und flach, wie ein Brett war. „Dann melde ich mich gleich ab und fahre nach Hause.", sagte Marvin, der dann Juliette zuwinkte, die auf einer Leiter stand und eine Lampe an die Decke hing. Seine beiden Kolleginnen finanzierten sich ihr Studium durch die Arbeit im Möbelhaus. Mika wollte Journalistin werden, und war kurz vor Ihrem Abschluss. Und Juliette studierte sich durch alle verfügbaren Fächer, derzeit hing sie in Psychologie und Immobilien.

Zu Hause im neuen Haus angekommen fiel Marvin auf, dass ein ihm bereits bekanntes Fahrzeug schon wieder gegenüber parkte. Aber es könnte auch nur ein Zufall gewesen sein. Marvin schnallte den Gurt ab und drehte die Fenster wieder hoch. Es war ein recht warmer Nachmittag. Doch seit seinem Unfall konnte er sich manchmal nicht richtig konzentrieren und hatte hierzu Tabletten erhalten. Marvin nahm eine Tablette und einen Schluck Eistee. Er schloss kurz die Augen, bis die Tablette ein wenig Wirkung zeigte und seine Kopfschmerzen schwächer wurden. Dann stieg er aus dem Wagen und ging ins Haus zurück. Etwas war anders. Er ging durch die Küche und stellte seinen Eistee ab. Die Schuhe schnippte er mit den kleinen Füßen lässig in den Hausflur und begab sich ins Wohnzimmer. Bevor sich Marvin setzen konnte, merkte er, dass Walters Auto in der Einfahrt stand. Er sprang auf und zog sein T-Shirt aus. Dann tänzelte Marvin ins Schlafzimmer, und auf einmal war alles rot und feucht, und er hörte nur noch Schreie. Schatten legte sich über ihn. Marvin hörte dann nur noch Sirenen, seine Hände waren fest und unbeweglich. Er zitterte. Er wusste nicht, was geschehen war. Seine Gedanken waren vernebelt, und er spürte nur einen stechenden Schmerz in seinem Bauch und dass seine Hose warmfeucht war. Es roch komisch. Er verlor irgendwo seine Brille, sodass alles, was er sehen konnte, seine verschwommenen Füße waren und eine Socke fehlte und dass die Füße rötlich und feucht waren. Marvin hörte nur, wie Walter etwas zu jemandem mit erstickender Stimme sagte, aber er verstand nicht genau, was das war. Sein Kopf schmerzte höllisch, etwas oder jemand hielt Marvin von hinten fest. Er wurde von der Polizei abgeführt. Jede Bewegung kam ihm wie eine **Ewigkeit** vor.

Mir tut alles weh. Meine Arme, meine Beine, meine Hände zittern, und mein Herz weint. Was ist da gerade passiert? Ich habe die Liebe meines Lebens gefunden, und alles gerade kaputt gemacht. Er wird nie wieder mit mir sprechen. Er wird mich nie wieder ansehen. Ich bin Fleisch, totes Fleisch. Fett und abartig. Was habe ich bloß getan? Warum habe ich das getan? Ich habe die Liebe meines Lebens gefunden und einfach weggeworfen. Ich habe ihn geheiratet und verraten. Ich bin fettes widerliches Fleisch und kann nie wieder zurück. Mir tut alles weh, und ich habe alles verloren. Und es ist mir alles egal.

Seit fast einem halben Jahr waren Ruben und Oliver nun verheiratet. Und bald war es so weit, dass sie die Zelte abbrachen und in die Nähe von Köln zogen. Hoang hingegen war Marvin nach Berlin gefolgt, um ihn dort ein wenig zu unterstützen. „Sagt niemand, wo ich hingehe.", sagte Hoang zu Ruben, Sophie und Rahmit. Dann stieg er in sein neues Auto und war weg. Das war jetzt auch schon zwei Monate her. Soweit Ruben wusste, ging alles in Berlin glatt, und Marvin ginge es gut. Aber von Hoang fehlte jede Spur. Die letzte Information war, dass Hoang sich von Marvin verabschiedete und in sein Auto stieg, um wieder nach Frankfurt zu fahren. Aber vielleicht hatte sein bester Freund auch noch ein paar Abstecher sonst wohin gemacht, schließlich wollte er schon immer mal wieder nach Amsterdam fahren oder an die Nordsee. Bedauerlicherweise reagierte Hoang auch nicht auf die Anrufe und Nachrichten. Er schien unsichtbar geworden zu sein. Was in aller Welt war geschehen? Lag er im Graben, und keiner fand ihn? Nein, er ist ein guter Autofahrer und niemand, der einfach verschwindet, ohne mindestens einer Person sein Ziel zu verraten. Hoang war immer aufgeschlossen gegenüber allen Menschen. Er konnte stolz sein, aber das auch zu Recht. Er war großzügig und freundlich. Die meisten Leute, die ihn näher kennengelernt hatten, haben ihn gerngehabt. Nein, er verschwand nicht so einfach. Aber er konnte sich auch verfahren haben. Einmal hatte er es geschafft, vom Frankfurter Flughafen die falsche Autobahnausfahrt zu nehmen, und hatte versehentlich irgendwo bei Koblenz endlich gewendet. Das war Hoang, dachte Ruben, und eine Träne kullerte sein markantes Gesicht herunter. Seit zwei Monaten hatte er nichts mehr von seinem besten Freund gehört oder gesehen. Vor zwei Monaten hatte er noch von Marvin die Nachricht bekommen, dass Hoang losgefahren war. In drei Tagen hieß es für Ruben und Oliver Abschied von Frankfurt nehmen. Aber er konnte sich nicht von Hoang verabschieden.

Ruben packte den letzten Karton in den Lastwagen und schaute zurück aufs Haus. Es war leer. Nur noch einige kleine Erinnerungen blieben dort zurück, und er freute sich schon darauf, das Restaurant eröffnen zu können. Hoangs großer Bruder Duc Tran, der Architekt, hatte alles für ihn abgecheckt und die besten Innendesigner zur Verfügung gestellt. Gemeinsam mit Oliver hatte er sich für ein rustikales Restaurant entschieden, und mit dem Geld, das Hoang ihnen damals in die Hand drückte, konnten die ersten Möbelstücke bestellt werden. Es war ein großer Start in ein neues Leben mit neuen Herausforderungen in einer neuen Welt. Ruben hatte Tränen in den Augen. Er war groß, muskulös und schön und mit der Liebe seines Lebens verheiratet. Aber er war traurig, fühlte sich verlassen und sorgte sich um seinen besten Freund, den er schon seit Monaten weder gesprochen noch was von ihm gehört hatte. „Wenn du irgendwann wiederkommst, dann wirst du mich finden.", flüsterte Ruben, der sodann in den Lastwagen stieg und Oliver anlächelte. „Los geht's.", sagte er und gab seinem Mann einen Kuss. Ruben schnallte sich an, und der Lastwagen fuhr los. Im Radio spielte ein Klassiker, und Ruben summte mit. An seinem Fenster klebte ein halbes Ahornblatt für eine kurze Sekunde, bevor es vom Wind verweht wurde und nur noch einen leichten feuchten Abdruck hinterließ. Sie fuhren auf die Autobahn und verließen Rodgau Richtung Köln.

Zwei Monate zuvor in Berlin am Landgericht: „Im Namen des Volkes verkündet die Richterin am Strafgericht in der Strafsache gegen Marvin Jenkins, geborener Sonntag, geboren am 31. Oktober 1990, derzeit ohne festen Wohnsitz, wegen Mord und versuchten Totschlags, der Angeklagte ist unschuldig und wird freigelassen. Das Verfahren gegen den Angeklagten wird eingestellt.", verlas die Richterin im Gerichtssaal zum Ende der Hauptverhandlung, und Marvin sank erleichtert auf den Stuhl zurück. Er war frei. Was auch immer geschehen war, was auch immer man ihm erzählt hatte, war falsch. Er war frei. Marvin weinte Freudentränen. Marvin weinte bitterlich, denn er war sich bewusst, dass er zwar frei, aber allein war. Der Gerichtssaal löste sich auf, nachdem die Richterin die Sitzung geschlossen und den Hammer hingelegt hatte. Der Anwalt, den Hoang Marvin verschaffte, klopfte Marvin freudig auf die Schulter und gab ihm ein Taschentuch. „Danke.", flüsterte Marvin und stand auf. Ihm wurden seine Kleidung und Papiere ausgehändigt, und er konnte gehen. Am Eingang wartete auch schon Hoang auf ihn. Marvin nahm den jungen kleinen Asiaten in den Arm und bedankte sich weinend. „Ich fahre in zwei Tagen los. Bis dahin solltest du dich in der neuen Wohnung eingelebt haben.", sagte Hoang und Marvin schaute ihn entsetzt an. „Welche Wohnung?", fragte er. „Ich habe mit Mama Sonntag zusammen einige Wohnungen angesehen, und wir haben eine schöne gefunden. Die Mieten sind bis zum Jahresende bezahlt.", sagte Hoang, als wäre es was ganz Normales. Noch nie scherte sich Hoang was um Geld. Dem jungen Asiaten war es meistens egal, ob er was hatte oder nicht. Er kam aus einfachen Verhältnissen und hatte sich seinen Verdienst hart erarbeitet, aber er war nicht überheblich, sondern lediglich großzügig. Hoang machte seinen Freunden öfter seltsame Geschenke.

Die Wohnung war interessant im obersten Geschoss eines Hauses, mitten in einer guten Berliner Gegend. Die beiden Zimmer trennte der Balkon. Bad und Eingang befanden sich rechts vom Eingang. Die Küche war auch durch den Balkon erreichbar. Das Einzige, was nachteilig sein könnte, war, dass man, um sich zu bewegen, immer – bei Wind und Wetter – über den Balkon gehen musste, der die Zimmer miteinander verband. Aber Marvin hatte nichts zu bemängeln. Denn er stand nicht auf der Straße oder musste nicht bei seinen Eltern unterkommen, die zudem noch eine Nebenklage gegen Walter eingereicht hatten. Dieses Thema konnte Marvin nicht länger verkraften und war unglaublich dankbar dafür, dass Hoang ihm diese Möglichkeit verschafft hatte, um einen Neuanfang beginnen zu können. „Ich habe am Donnerstag noch einen OP-Termin und könnte in zwei Monaten wieder nach Berlin kommen und nach dir schauen, wenn du magst.", sagte Hoang, der mit Marvin auf dessen Balkon stand und den Sonnenuntergang betrachtete.

„Du bist hier immer willkommen. Schreib mir eine Nachricht, wenn du in Frankfurt angekommen bist, und bestelle Sophie, Rahmit, Oliver und Ruben von mir allerliebste Grüße.", antwortete ihm Marvin und gab Hoang einen Kuss auf den struppigen Kopf. „Zum Friseur solltest du vielleicht auch, bevor du in den Operationssaal gehst.", scherzte Marvin, und beide lachten. Wenig später umarmten sie sich auf der Straße, und Hoang stieg ins Auto ein. Die Straße, in der Marvin nun lebte, war eher ruhig und wenig befahren. Gegenüber gingen zwei ältere Herren mit schwarzen Mänteln spazieren. Marvin schaute Hoang hinterher und winkte ihm, bevor er abbog. Der Wind wehte einige Laubblätter in Marvins Gesicht, und er musste lachen. Als er wieder in seiner Wohnung war, entdeckte er, dass Hoang ihm noch eine kleine Holztruhe hinterlassen hatte, auf der von Hand gemalt – nicht schön, aber echt – „Marvins Box" stand. Er öffnete die Truhe und erschrak. Darin waren ein neues Telefon, eine Geldkassette und ein Brief von Hoang. In dem Brief stand, dass das Geld als Startkapital gelten solle und er sich nicht sorgen müsse.

Hoang hatte gerade Berlin auf der Autobahn verlassen und die Route nach Frankfurt auf dem Navi eingegeben. Er schaltete die Musik ein und sang fröhlich mit, wissend, dass einer seiner Freunde jetzt ein gutes neues Leben anfangen könnte. Hoang stellte sich vor, wie er in nicht weiter Ferne wieder nach Berlin reisen würde, um mit Marvin in einem Restaurant was Gutes zu essen und dessen neueste Erfahrungen zu hören. Er fuhr bereits drei Stunden auf der Autobahn Richtung Frankfurt, sang bei den Liedern wie ein Teenager wild und schräg mit und erinnerte sich, wie es damals war, als er und Sophie, damals noch David, auf Tour waren und jeden Song mitgesungen hatten. Sie waren jung, sie waren stark und frei. Mit einem Lächeln setzte Hoang den Blinker, um auf dem nächsten Rastplatz anhalten zu können. Er parkte ein und schaltete die Musik aus. Es dämmerte bereits, und er nahm eine Krankenakte aus seiner Aktentasche, die im Fußraum des Beifahrersitzes war. Mit leichter Wehmut las er sich den Arztbericht durch, den er selbst geschrieben hatte. Es war das Krankenblatt von Sophies Mutter. Alles lief zuerst gut, er konnte den Tumor entfernen und war schon fast dabei, den Schnitt zu schließen, als ein Assistent einen weiteren Tumor entdeckte, der in einem Gefäß lag, welches wichtige Organe verband. Er hatte sich in dem Moment entschieden, keinen Schnitt zu machen und nahm eine Probe aus dem Tumor. Dann kam ein Anruf, der ihn aus der Konzentration geworfen hatte, und er bat einen Kollegen, die Operation zu beenden. Hoang las sich dann den Bericht des Kollegen durch, aus dem hervorging, dass dieser – genau wie Hoang es vorgesehen hatte – die Operation beendete, aber dabei eine Naht gerissen und es zu Blutungen gekommen war. Hoang erinnerte sich, wie er seinem Kollegen beim Reanimieren geholfen hatte, die Blutungen jedoch nicht aufhörten und sie die Naht wieder öffnen mussten. Der zweite Tumor war gerissen, und die Chancen standen schlecht. Blutüberströmt und außer sich, rannte Hoang aus dem Operationssaal und brauchte frische Luft.

Wo genau er hingerannt war, wusste Hoang nicht mehr. Er erinnerte sich nur noch, dass er in helle Augen schaute, die versucht hatten, ihn zu beruhigen. Dann stand er wieder im Krankenhaus und ließ sich von einem Pfleger entkleiden und in sein Büro setzen. Hoang schlief ein und erwachte am nächsten Tag mit verklebten Augen. In seinem Traum war er allein und musste Sophie entgegentreten, die ihm die Schuld am Tod ihrer Mutter gab. Aber dem war nicht so. Er erinnerte sich an das Gesicht seiner besten Freundin, einerseits war sie schockiert, andererseits fühlte sie gar nichts, und im nächsten Moment war sie erwachsen geworden und begann, alles zu organisieren, was zu tun war, damit ihre Mutter alles bekam, was sie sich für ihren Tod vorgestellt hatte. Hoang bot ihr seine Hilfe an, aber Sophie wollte ihn nicht hören und bat ihn, sich wieder auf sein Leben und seine Arbeit zu konzentrieren, während sie selbst in ihrer Trance den Weg nach draußen suchte. Sophie war schon immer eine starke Frau. Hoang schaute ihr nach, und ein Klopfen weckte ihn aus seinen Gedanken.

Neben seiner Fahrertür stand ein großgewachsener alter, fettleibiger Mann und grinste frech unter seiner Kappe hervor. Hoang öffnete einen Spalt sein Fenster. „Lust?", fragte der alte Mann, und Hoang schüttelte freundlich den Kopf. Mit einem Schulterzucken dampfte der notgeile Mann ab und verschwand im Dunkeln des Waldes, welcher an den Parkplatz grenzte. Hoang schaute ihm kurz hinterher, nahm seinen Autoschlüssel ab und stieg aus. Er streckte sich und atmete die Autobahnluft ein. Mit einem Lächeln ging er zur Rastplatztoilette, um ein kleines Geschäft zu verrichten. Die Toilette roch stark nach Pisse, und er hielt die Luft an. Da Hoang etwas schüchtern und verlegen war, hatte er auch die Kabine aufgesucht, um in Ruhe zu pinkeln und nicht jedem Auge die Chance zu bieten, sein bestes Stück zu betrachten. Er schüttelte ab und trocknete sich mit einem eigens mitgebrachten Taschentuch, weil wenn er es im Stehen verrichtete, immer wieder Nachtropfen kamen, die er nicht kontrollieren konnte. Dann betätigte er die Spülung und warf das Taschentuch hinterher. Er öffnete die Kabinentür und schaute in ein ihm bekanntes Gesicht.

KAPITEL 10
File 811/2017

„Bitte bringen Sie mir die Akte **811** aus **17**"
„Sehr wohl, Herr Dogan.", sagte die hübsche junge Sekretärin, die die Aktennummer in den Computer eingab, um den Aktenstandort herauszufinden.
Frau Frohsinn: „Möchten Sie die digitale oder auch die Handakte?"
Herr Dogan: „Bitte auch die Handakte. Ich möchte meine handschriftlichen Notizen nachlesen."
Frau Frohsinn nickte freundlich, schrieb sich die Aktennummer auf und wählte auf ihrem Tablet die Organisationstaste. Es vergingen keine 5 Minuten, als der Lehrling die Akte aus dem Aktenbüro an ihren Tisch brachte und sie mit rot werdenden Wangen anlächelte. „Was wollen Sie mit dieser dicken, staubigen Akte?", fragte der Lehrling die Sekretärin, die ihn hinter ihrer Brille böse anschaute. „Ich brauche hieraus nichts. Ich bin verheiratet, Bürschchen!", zischte sie und nahm die schwere Akte an sich. Der Junge verließ das Sekretariat und machte sich wieder an seine Tätigkeiten. Frau Frohsinn schüttelte den Kopf, drehte sich um und klopfte an die Tür des Rechtsanwalts.

„Hier ist die Akte, Herr Dogan. Brauchen Sie sonst noch etwas? Kaffee oder Espresso? Es ist schon spät.", sagte sie und überreichte dem großen bärigen Mann hinter dem schweren Bürotisch die dicke Akte, die schon fast auseinanderzufallen drohte. „Nein Danke, Frau Frohsinn. Sie können dann gerne Feierabend machen. Streichen Sie mir aber meine morgigen Termine." – „Sehr wohl.", sagte sie, drehte sich um und verließ das Büro des Anwalts. Der Mann mit dem Vollbart und der Brille atmete schwer aus. Mit der Hand fuhr er sich kurz durch den Bart, und sein Ehering glänzte im gedämpften Bürolicht kurz auf. Herr Rechtsanwalt Dogan schaute auf die Akte. **811 aus 2017**. *„Die Akte ist jetzt 9 Jahre alt."*, dachte sich der Anwalt, und legte seine Hand auf den Aktenrücken. Die Akte war dick, schwer und überfüllt mit seinem ersten echten eigenen Fall. Er war frisch von der Universität, die Staatsexamen mit Bravour bestanden, ein ganzes Leben noch vor sich und seit 3 Tagen den Titel Rechtsanwalt in der Hand. Rechtsanwalt Fahid Dogan blickte in Gedanken zurück an diesen einen Tag.

Fahid Dogan

Es war Spätherbst im Jahre 2017. Es regnete so stark, dass der Mittag dermaßen dunkel war, dass man dachte, es wäre später Abend. Ein Wolkenbruch nach dem anderen. Fahid stieg aus der Straßenbahn aus und rannte in seinem neuen Anzug, die leere Aktentasche schützend über seinen Kopf haltend, zur nächsten Überdachung. Er wartete einige Minuten und fasste wieder den Mut, weiter zu rennen. Nur noch rund 300 Meter bis zur Kanzlei. Die Mittagspause wollte er nicht gleich am Anfang überziehen, deshalb beeilte er sich besonders stark. Er kam dann am Krankenhaus entlang und konnte unter der Überdachung des Eingangs kurz stehen bleiben. Fahid war gerade 29 Jahre alt. Jung, voller Leben, am Rechtssystem interessiert, als wäre es die erste warme Mahlzeit nach einem Jahr im Keller. So stellte er sich seinen Weg bildlich vor. Fahid schaute an dem Krankenhaus hoch. Er las einige Namen der Ärzte auf dem großen Schild und lief weiter. Einige Ärzte kamen von ihrer Mittagspause zurück. Einer schaute dem Junganwalt hinterher.

Als Fahid dann endlich wieder auf seiner Arbeit, einer mittelgroßen Anwaltskanzlei, ankam, war er nass geschwitzt, vom Regen durchnässt, und seine Laune schwamm irgendwo draußen im Pazifik von dannen. So konnte es doch nicht starten, dachte sich Fahid traurig und stieg erst aus den nassen Schuhen aus. Er schloss seine Bürotür ab, vergewisserte sich, ob nicht irgendwer durch den Sichtschutz hineinschauen konnte und zog sich aus. Fahid zog blank. Er hatte eine behaarte muskulöse Brust und einen leichten Bauchansatz. Sein Po war fest, seine Männlichkeit verdeckt von kurzem lockigen Fell. Man konnte nur die beschnittene Spitze sehen, aber das störte Fahid nicht, denn es konnten Wunder geschehen, wenn man es richtig machte, und damit meinte er, echte Wunder. Er trocknete sich mit einem Handtuch ab und öffnete den Schrank, in dem der Ersatzanzug hing. Aber dennoch hatte Fahid weder Socken noch Unterwäsche. Er schlüpfte in den – noch nie getragenen – dunklen Anzug und setzte sich an seinen Bürotisch. Es lag keine Akte zur Hand. Er schaute sich um. Pfiff vor sich hin und beobachtete die Schatten, die vor seinem Büro im Flur hin und her liefen. Dann fiel ihm ein, dass er eigentlich ein Gespräch mit seinem Chef und einem Klienten hatte. Fahid stürmte los – er vergaß, dass er seine Tür abgesperrt hatte, und rieb sich die Nase, die er zuvor gegen die Tür gehämmert hatte.

Er saß dann im Besprechungszimmer, gegenüber dem Klienten, einem muskulösen blonden Mann mit stahlblauen Augen und Dreitagebart. Nicht unbedingt Fahids Typ, aber äußerst gutaussehend. Sein Chef, Herr Lukas, handelte mit dem Klienten gerade einen Kaufvertrag aus, unglaublich langweilig, und Fahids Gedanken schweiften ständig ab. Mitunter fühlte er sich auch etwas unwohl, so ganz ohne Unterwäsche, neben seinem Chef, der bereits die 60 überschritten hatte und eine fette Beule unter dem fetten Bauch präsentierte. Ab und an fand Fahid das Abbild des unteren Bereichs seines Chefs ganz anziehend. Besonders mochte er dessen nettes Gesicht, bärtig, grau und hellbraune schmale Augen. Ein richtiger Sugardaddy. Dann war plötzlich die Besprechung zu Ende, und Fahid wusste gar nichts mehr von dem Gespräch. Der Chef schüttelte dem Klienten die Hand und führte ihn hinaus.

Als er wieder in seinem Büro saß, tippte er auf der Tastatur wild herum, ohne Grund und ohne Ziel. Er hatte keine Akten zu bearbeiten und wusste gar nicht, wie er zu Akten kommen sollte. Die Auszubildende im letzten Lehrjahr schaute in sein Büro und lächelte ihn an. „Kann ich Ihnen was bringen, Herr Dogan?", fragte sie freundlich und hielt dabei eine dünne Akte in der Hand. „Ich brauche Arbeit, Frau Frohsinn.", sagte er freundlich und gierte auf diese dünne Akte. Es war Fahid egal, worum es in der Akte ging, er wollte sein erworbenes Wissen nutzen. „Diese Akte ist für Frau Minh. Aber sie ist ja nicht da. Sie können gerne reinschauen. Da ist aber nicht viel drin.", meinte die Auszubildende und übergab ihm die Akte. Er las darauf 811/17 und öffnete sie. „Kann ich einen Kaffee haben?", fragte er sie freundlich, und sie nickte. Dann begann er zu lesen. Es handelte sich um eine Erbschaftsauseinandersetzung. Den Verkauf eines Geschäfts und eines Bungalows in Rodgau. Der Erblasser hinterließ nur einen Erben, einen Arzt aus Frankfurt. Dieser Arzt hatte die Kollegin beauftragt, das Geschäft und den Bungalow zu veräußern und Nachforschungen über den Erblasser seiner letzten 10 Jahre anzustellen. Nicht sonderlich interessant für Fahid. Somit legte er die Akte zur Seite und öffnete am PC die elektronische Akte 811/17. Dies war weitaus interessanter. Denn es waren wenigstens einige Bilder gespeichert.

9 Jahre später
Herr Rechtsanwalt Dogan öffnete seine erste Akte. Er las wieder die Aktennotiz seiner ehemaligen Kollegin Minh, die ihm die Akte, nachdem sie das Geschäft und den Bungalow veräußert hatte, hinterlassen hatte. Denn die Nachforschungen fand die Kollegin eher langwilig, und sie wollte sich sowieso auf Familienrecht konzentrieren. Der Verkauf des Geschäfts und des Bungalows hatten der Kanzlei damals eine gute Summe eingebracht. Aber das interessierte Fahid nicht. Er wollte nachlesen, wie er selbst damals die Detektei beauftragt hatte, und deren Ergebnisse noch einmal in sein Gedächtnis hervorrufen. Die Detektei fand heraus, dass der Erblasser regelmäßig Urlaub in Thailand genossen hatte. Ebenfalls fand diese heraus, dass der Erblasser zu einer Gruppe Motorradfahrern gehör-

te, die in regelmäßigen Abständen an verschiedenen Örtlichkeiten Sexpartys gefeiert hatten. Die Forschungsergebnisse gingen Fahid damals schon sehr an die Nieren, denn er war mit 29 noch Jungfrau und wusste nur, dass er Männer sowie auch Frauen mochte, aber nie die Chance hatte, intim mit ihnen zu werden. Fahid musste lachen, als er sich erinnerte. Seine Assistentin, Frau Frohsinn schaute in sein Büro und winkte in den Feierabend. Er winkte fröhlich zurück und widmete sich wieder seiner ersten Akte.

Die ersten Forschungsergebnisse hatte die Kanzlei zum Ende 2017 erhalten. Nicht besonders viel, außer dem regelmäßigen Urlaub in Thailand und die Kontakte zu der Motorradfahrergruppe. Die Kollegin Minh hatte die Detektei sodann beauftragt, die Mitglieder der Motorradgruppe näher zu untersuchen. Fahid wollte damals schon, dass man versuchen sollte herauszufinden, welche Örtlichkeiten in Thailand regelmäßig besucht wurden. Der Arzt hatte der Kanzlei ein schönes Sümmchen hierfür zahlen wollen. Aber die erfahrene Kollegin war dagegen, zu teuer, zu umfangreich. Im Januar 2018 schied die Kollegin Minh aus der Kanzlei aus privaten Gründen aus, sodass Fahid der alleinige Sachbearbeiter der Akte wurde. Er erinnerte sich, wie sehr er sich über die Akte freute. Denn sie wurde immer interessanter. Und immer mehr Personen wurden in die Angelegenheit involviert. Der Anwalt war Feuer und Flamme für diese Akte. Er schaute auf die Liste der Motorradfahrer und las diese noch einmal durch. Dass ihm heute, 9 Jahre später, einige Namen durchaus gut bekannt waren und er stolz darauf war, diese Personen zu kennen, hätte er damals nie erwartet. Mit dem kräftigen Zeigefinger tippte er immer wieder auf einen Namen: Bobby Fischer. Am liebsten hätte er einen roten Stift genommen und den Namen durchgestrichen.

Es war Mitte Januar 2018, als dann ein Stillstand in die Akte kam und Fahid sich um alle seine anderen Fälle mehr kümmerte. Er wollte sich noch auf kein bestimmtes Gebiet konzentrieren und bearbeitete alles, was seine Kollegen in der Kanzlei nicht mochten. So kam es auch mal vor, dass Fahid außerhalb seiner Arbeitszeit viel beschäftigt war und er seine neue Freundin nicht sehen konnte. Er besuchte einmal in seiner Pause ein Restaurant des nahegelegenen Sternehotels und sah den muskulösen blonden Mann am Empfang, der mit anderem Personal ein strenges Gespräch führte. Fahid grüßte den Klienten, dieser hatte ihn aber nicht erkannt und einen Mitarbeiter geschickt, ihn zu seinem Tisch zu führen. Der große muskulöse Mann begrüßte ein eher fettleibiges schwules Pärchen äußerst herzlich und ging mit denen in eine andere Richtung. Fahid setzte sich an seinen Tisch und wartete, dass seine Freundin auftauchte. An diesem Tag hatte sie mit ihm Schluss gemacht. Immer noch jungfräulich und wieder Single, dachte sich Fahid und arbeitete weiter. Er besuchte gerne das Restaurant in diesem Hotel. Das Essen schmeckte ihm auch sehr gut. Aber er war stets allein dort. Den muskulösen Klienten sah er manchmal am Empfang mit anderen Mitarbeitern sprechen. Und manchmal wollte Fahid nach der Mittagspause auch in die Akte seines Chefs schauen, um nachzusehen, wie sich das Mandat mit dem Muskelpaket entwickelt hatte, aber jedes Mal vergaß er das auch wieder.

Am 10.02.2018 wurde Fahid in seiner Pause von Frau Frohsinn begleitet, die mit ihm ein wenig für ihre bevorstehende Abschlussprüfung lernen wollte. Auch sie erkannte den muskulösen Klienten und deutete Fahid an, ihn sich genau anzuschauen. Der Mann war blond, groß, muskulös und äußerst attraktiv – und vollkommen nicht Fahids Typ. Aber an diesem Tag sah der Mann etwas anders aus. Grauer Anzug, Fliege, Haare nicht zottelig, sondern frisch vom Friseur gestylt. Als würde er heiraten gehen. Mehr Gedanken machten sich die beiden nicht und ließen sich zu ihrem Tisch führen. An diesem Mittag schien es mit dem Mittagessen länger zu dauern. Die Küche war ungemein langsam. Grund hierfür wird wohl die Hochzeit sein, die gerade stattfand. Vom Restaurant aus konnte man auf die Einfahrt des Hotels schauen, und einige Autos fuhren vorm Hotel an. Ganz vorne die Brautpaarlimousine. Frau Frohsinn freute sich hierüber und beobachtete die Szene neugierig. Fahid hingegen knabberte an seinem Brot und betrachtete die Dekoration des Restaurants. Er bekam einen Anruf aus der Kanzlei und führte ein kurzes Gespräch mit der Anruferin. „Aids?!", fragte Fahid ungläubig und hörte der Kollegin weiter zu. Direkt nach dem Mittagessen stürmten die Auszubildende und er zurück in die Kanzlei. Diese Information musste er schwarz auf weiß sehen.

Nachdem Fahid den Arztbericht gelesen hatte, verstand er, warum der Klient diese vielen Nachforschungen betreiben wollte. Fahid zählte eins und eins zusammen. Der Klient wurde vom Erblasser mit HIV infiziert und wollte nun wissen, ob der Erblasser von seiner eigenen Infektion wusste oder nicht. Es spielte für den Klienten keine Rolle, ob derjenige jetzt noch lebte oder tot war, wichtig war, ob es dem Erblasser bekannt gewesen war. In diesem Moment war Fahid klar, er musste den Ursprung der Infektion finden, und da fiel es ihm ein, Thailand. Er führte einige Telefonate mit der Detektei, klärte die Kosten ab und verfasste ein Schreiben an den Klienten, Herrn Dr. Tran. Persönlich hatte Fahid den Klienten einmal erst gesehen. Als dieser kurz mit seiner ehemaligen Kollegin Minh gesprochen hatte und scherzte, dass die Anwältin als Familiennamen den gleichen Namen trug wie dessen ältere Schwester im Vornamen. Und da fiel es Fahid auch ein, dass er den Namen einmal auf dem Weg zur Arbeit an einem Studioschild gelesen hatte. Nachdem er sein Diktat beendet hatte, legte er die Akte zur Seite und verließ sein Büro. Es war schon anstrengend, Wörter in der richtigen Reihenfolge zusammenzufassen, auch wenn es im Kopf in eine ganz andere Richtung ging.

Es dauerte einige Monate, bis Fahid von der Detektei mehr erfuhr. In Thailand hatte der Erblasser gerne mal den einen oder anderen Ladyboy zu sich ins Hotelzimmer geholt. Praktisch für den Nachforschungsdienst war, dass der Erblasser jedes Mal auch das gleiche Hotel gebucht hatte und daher beim Hotelpersonal in Thailand bekannt war. Ansonsten hätten die Nachforschungen womöglich noch Jahre angedauert. Fahid konnte seine Akte schon fast abschließen und bat den Klienten um ein persönliches Abschlussgespräch in der Kanzlei. Fahid saß dann in seinem Büro, hielt die 3 cm dünne Akte in der Hand und blätterte darin herum. Er zog eine Liste heraus, auf der zu lesen war, in welchen Zeiträumen Herr Cup sich in Thailand aufgehalten, welches Hotel er gebucht hatte und wann er in etwa Personen mit aufs Zimmer holte, und überreichte die Liste Herrn Dr. Tran, der vor ihm saß und ihn mit schmalen ungeduldigen Augen ansah. Fahid fand, dass der Arzt ganz süß aussah, aber kein Sugardaddy, eher so ein Kleiner-Bruder-Typ. Der Arzt las sich die Liste emotionslos durch und gab sie ihm zurück. „Vom Fortschritt der Krankheit gehe ich davon aus, dass er sich in dem Zeitraum 2008 bis 2012 angesteckt haben muss. Ihre Nachforschung geht zurück bis 2014. Ich erwarte ein wenig mehr für das Geld, dass ich Ihnen zahle, Herr Dogan.", sagte der Arzt kühl und berührte bei der Rückgabe der Liste Fahids Hand. Ein kalter Schauer lief dem Anwalt den Rücken runter. Es war August, und ihm war plötzlich sehr kalt. Wie beauftragt, bat Fahid am Folgetag die Detektei, tiefere Nachforschungen anzustellen, und gab an, dass Geld keine Rolle spiele. Der Zeitraum war für den Klienten wichtig. Gesagt, getan. Die Akte ließ Fahid auf Wiedervorlage legen. Nächsten Monat würde er ohnehin das Büro wechseln und in ein größeres im Gebäude ziehen. Daher war es ihm recht, dass diese eine anstrengende Akte ein wenig länger liegen blieb. Frau Yvonne Frohsinn, die er nach ihrer ausgezeichneten Abschlussprüfung als seine eigene Sekretärin gewinnen konnte, kannte die Akte ebenfalls gut und fand diese superspannend.

Der Umzug ins größere Büro, zwei Etagen obendrüber, mit Ausblick auf den Main, verlief jedoch schleppender, als Fahid gedacht hatte. Zuerst gab es keine Internetverbindung in seinen Räumen, dann hatte die Telefonanlage gestreikt. Danach fanden die Lehrlinge die Akten nicht mehr oder hatten diese falsch in sein Aktenzimmer gehängt. Dann haben die Lehrlinge versehentlich alte Akten von Frau Minh bei ihm ins Büro getragen und mussten diese wieder zurücktragen. Sodann wurde der Terminkalender versehentlich gelöscht und alle Akten mussten noch einmal aufgerufen werden. Und bald wäre noch Halloween zu planen gewesen. Und dann stand plötzlich Dr. Tran in seinen Büroräumen, blutverschmiert im Operationskittel und mit leerem Blick, die Lippen bebten, in der Hand noch Operationsbesteck und sein Handy. Fahid führte den sichtlich schockierten Arzt in das noch leicht chaotische Besprechungszimmer und nahm ihm vorsichtig das Operationsbesteck aus den Händen. Dann zog er dem Arzt den Kittel aus, aufpassend, nichts vom Blut zu berühren und legte den Kittel vorsichtig auf den Tisch. Er nahm das Handy an sich und sah darauf, dass der Arzt einen Herrn Marvin Jenkins ausgewählt hatte, diesen aber nicht anrief. Danach setzte er den Arzt auf den Stuhl und sah ihm in die Augen. Dessen Lippen bebten immer noch. Die Augen waren leer. „Was war geschehen? Dr. Tran, hören Sie mich?", fragte Fahid mit besorgter Stimme. Der Arzt reagierte nicht auf Fahid. Er suchte nach dem Handy, nahm es in die Hand und schaute noch mal drauf. Dann ließ er es fallen und brach in Tränen aus. Fahid hob das Handy hoch, legte es auf den Tisch und zog ein Taschentuch aus seinem Jackett. „Dr. Tran, was ist passiert?", fragte Fahid noch einmal, und der Arzt schaute ihn fragend an. „Dr. Tran, Sie wissen, wo Sie sind? Ich bin es, Ihr Anwalt, Herr Dogan.", versuchte Fahid beim Arzt durchzudringen. Dieser schüttelte den Kopf, trocknete sich die Tränen mit dem Handrücken und schaute Fahid verwirrt an. „Ich weiß, wer Sie sind. Aber ich weiß nicht, warum ich hier bin.", sagte der Arzt leise zu ihm und wollte aufstehen. „Bleiben Sie sitzen, Dr. Tran. Ich lass Ihnen ein Glas Wasser bringen. Ich bin gleich wieder da.", bat Fahid und schnappte sich mit dem Taschentuch das Operationsbesteck und ließ den Arzt zurück im Zimmer.

Vor dem Besprechungszimmer standen Frau Frohsinn und ein Lehrling und warteten darauf, was der Anwalt ihnen zu berichten hatte. Sie waren genauso geschockt wie er, als sie plötzlich einen mit Blut verschmierten jungen Mann im Büro stehen hatten, und wären weggerannt, hätten sie Dr. Tran nicht schon gekannt. „Holen Sie bitte Dr. Tran ein Glas Wasser, am besten die ganze Flasche, danke.", sagte Fahid zum Lehrling, der nickte und in die Küche ging. Dann wandte er sich Frau Frohsinn zu. „Rufen Sie im St. Hubertus an, dort wo Herr Dr. Tran arbeitet, und versuchen Sie herauszufinden, warum er aus dem OP ab ist, bei uns in der Kanzlei steht und nicht ansprechbar ist." Frau Frohsinn nickte und öffnete die Karteibox, in der alle Adressen hinterlegt waren. Sie fand die Nummer und wählte das Krankenhaus an. Fahid klopfte aufbauend auf den Tresen und ging zurück ins Besprechungszimmer. Nur der Lehrling stand da und starrte mit verängstigten Augen auf den blutverschmierten Operationskittel, der auf dem Boden lag. Von Dr. Tran keine Spur. „Wo ist Dr. Tran hin?", fragte Fahid den Lehrling, der ihn anschaute und die Schultern hochzog. „Scheiße! Wir haben ihn nur 2 Minuten aus den Augen gelassen.", schimpfte Fahid und ging in sein Büro, um Schlüssel und Geldbörse zu holen. „Melden Sie das dem Sicherheitsdienst und der Polizei!", rief Fahid seinen Angestellten noch zu, bevor er aus der Bürotür lief und versuchte, Dr. Tran zu finden.

Eine Stunde später kam Fahid zurück ins Büro, vom Regen durchnässt, schwer atmend und schwitzend. In seinem Büro war die Polizei, die sorgfältig den Kittel einpackte und gerade mit Frau Frohsinn sprach. Ein Polizist, groß, sportlich und mit blondem Vollbart, kam auf Fahid zu. „Rechtsanwalt Dogan?", fragte er und lächelte Fahid mit seinen weißen Zähnen an. „Ja, der bin ich. Ich habe nach Dr. Tran gesucht, ihn aber nicht gefunden.", antwortete Fahid dem Polizisten und führte ihn in sein Büro. Polizeikommissar Leonard teilte Fahid mit, dass von einem Rodgauer Krankenhaus eine Meldung an Dr. Tran ging, dieser sodann den eigenen OP verließ und seither nicht mehr auffindbar war, bis auf die Meldung seiner Assistentin Frau Frohsinn vor 15 Minuten. Dann wollte der Polizist, der sein Hemd langsam aufknöpfte – weil es im unbeheizten Büro an einem regnerischen Oktoberabend auch so warm war – wissen, ob Herr Rechtsanwalt Dogan sich erklären könne, warum ein Arzt aus dem Operationssaal flüchtete und bei ihm in der Kanzlei auftauchte, nur um dann wieder zu verschwinden. „Ich habe keine Ahnung, Herr Leonard. Aber warum ziehen Sie sich gerade aus?", fragte Fahid, der die Augen nicht von der nackten Brust des Polizisten lassen konnte. Der Polizist lachte und zeigte Fahid ein Tattoo, welches noch in der Folie verdeckt war. „Ich wollte Sie nicht in Verlegenheit bringen, aber das Tattoo brennt." Fahid betrachtete das Tattoo genauer. Heute kennt er es auswendig, denn neben dem Tattoo wacht Fahid heute jeden Morgen auf.

Dieser eine Tag Ende Oktober 2018 war der letzte Tag, an dem Fahid Herrn Dr. Tran für sehr lange Zeit gesehen hatte. Er ließ die Nachforschungen in Thailand ruhen, zahlte die Gebühren an die Detektei aus seiner eigenen Tasche und wollte die Akte aus dem Fenster werfen lassen. Aber kaum war er so weit, stand auch schon Polizeikommissar Martin Leonard in seinem Büro und fragte nach dem Fall Dr. Tran. Fahid ließ die Akte 811 aus 2017 aus dem Archiv holen und bat Frau Frohsinn, den beiden einen Kaffee bringen zu lassen. Er ließ den Polizisten eine Schweigepflichterklärung unterschreiben und weihte ihn sodann in seine Akte ein. „Ich fürchte, wir müssen jetzt zusammenarbeiten.", sagte PK Leonard zu Fahid und legte eine polizeiliche Ermittlungsakte auf den Tisch. „Darf ich?", fragte Fahid, bevor er die Akte nahm, und Martin nickte. **Ermittlungsverfahren wegen Mord** las Fahid und war schockiert. „Soll ich das wirklich lesen?", fragte Fahid Martin leicht geschockt, und der Polizist schaute ihn zuversichtlich an. „Das sollten Sie tun, Herr Dogan. Das müsste Ihnen helfen, erklären zu können, warum Herr Dr. Tran ausgerechnet bei Ihnen zuletzt gesehen wurde.", sagte Martin, der dann auf die Uhr schaute. Fahid tat es ihm gleich, es war fast Mittagspause, und Fahids Magen knurrte. „Möchten Sie mit in mein Lieblingsrestaurant zu Mittag essen?", fragte Fahid und Martins Augen strahlten.

Und wieder saß Fahid mit jemandem von der Arbeit an seinem Lieblingstisch am Fenster und wünschte sich, dass er einmal mit einer Freundin oder einem Freund hier sitzen würde. Im Augenwinkel konnte Fahid sehen, dass der große muskulöse blonde Hotelmanager, der manchmal aussah wie Thor, im Eingangsbereich in einem schwarzen Anzug saß und weinte. Der Hotelmanager versuchte unentwegt auf dem Telefon jemanden zu erreichen und fluchte leise vor sich hin, als dann immer wieder niemand das Gespräch annahm. Das Essen wurde serviert, und Fahid hatte es noch nie zuvor gesehen, wie ein Mann so verführerisch ein Stück Fleisch in den Mund schieben und lächelnd kauen konnte. Er war wie hypnotisiert von Martins Lippen. „Willst du nichts essen?", fragte Martin und riss Fahid aus seinem Tagtraum. „Der Hotelmanager, der mit den Muskeln, der aussieht wie Thor, er kennt Dr. Tran persönlich.", sagte Fahid und konnte nur noch dem süßen Hintern von Polizeikommissar Leonard nachschauen. Und er war nicht mehr abgelenkt und konnte sein Mittagessen essen. Fahid liebte Essen. Und verliebte sich in den Polizisten.

Als Martin zum Tisch zurückkehrte, war Fahid mit seinem Essen bereits fertig und hatte das halbe Schnitzel von Martin auch schon gegessen. „Tut mir leid, es war so lecker.", sagte Fahid und Martin lächelte ihn süß an. „Warten Sie, bis ich mal gekocht habe, Herr Rechtsanwalt.", lachte Martin und aß den Rest gemütlich auf. Währenddessen erzählte Martin, dass er vom Hotelmanager erfahren hatte, dass dieser der beste Freund von Dr. Tran sei und diesen seit Stunden zu erreichen versuche. Den Grund für die Anrufe wollte der Hotelmanager aber nicht vor seinem Personal im Eingangsbereich seines Hotels nennen und bat um Terminvereinbarung. Er zeigte Fahid die Visitenkarte des Managers und zwei weitere Karten: *Ruben Bernstein, Hotelmanagement, Direktionsleitung FFM* sowie eine Karte mit der Aufschrift: *Rahmit's Treasures, Erotik für alle* und *Sophie Lara, Buchhalterin*. Die Visitenkarte des Herrn Dr. Tran wollte Martin nicht haben, da diese bereits in der

Akte war. „Bernstein, ich dachte, er hieße anders.", sagte Fahid und tippte mit der Gabelspitze auf den Visitenkarten herum. „Arbeit mal beiseite, Lust auf ein Date?", fragte Martin und schaute Fahid mit strahlenden Augen an.

Selbstverständlich hatte Fahid Martin zugesagt. Sie trafen sich außerhalb der Arbeitszeiten, gingen gemeinsam essen, mal ins Kino. Mal auch spazieren, und irgendwann war es so, dass Fahid in die Knie ging und Martin einen Ring hinhielt. Eine Erinnerung, die Fahid immer ganz nah am Herzen hielt. Sogar 7 Jahre später war er so verliebt wie von Tag eins an.

Fahid schlug die Akte nochmals um. Er wollte nochmals nachlesen, was Martin ihm vorgelegt hatte. Ermittelt wurde zunächst wegen Ruhestörung. Die Nachbarn beschweren sich wegen der lauten Streitigkeiten eines Ehepaars, welches vor Kurzem erst in Frankfurt ein Einfamilienhaus gekauft hatte. In einer Anhörung stand sogar drin, dass es um die Anschaffung von Katzen oder Hunden ging und danach Gläser flogen. Fahid las, dass Martin und seine Polizeikollegen öfter dorthin fahren mussten, um die lauten Herren zur Ruhe zu ermahnen. Die polizeiliche Akte schloss mit dem Vermerk, *Keine Einigung vorerst möglich, P1 will ausziehen. Archivieren.* Das war die erste Akte. Danach wurde die Akte von der Polizei wieder geöffnet. *Amtsgericht Frankfurt am Main, Strafgericht. Verhaftungs- und Anordnungsbefehl des Richters.* „Sehr interessante Wendung!", dachte sich damals Fahid. Er las den Befehl sorgfältig durch, konnte aber damals mit dem Namen des Beschuldigten nichts anfangen. Dieser schrieb Fahid einen Brief. Er las sich den Brief einmal kurz durch, schüttelte den Kopf und legte ihn wieder in den Umschlag zurück. Die alte Kirchenglocke läutete nunmehr die halbe Stunde zu 21 Uhr Abend.

Sehr geehrter Herr Rechtsanwalt Dogan,
ich schreibe Ihnen von meiner Zelle aus. Ich weiß, ich habe das Richtige getan, und ich weiß, dass es für das Gesetz falsch war. Aber dennoch muss auch das Gericht verstehen, dass ich als normaler Mensch, der alles aufgegeben hat, der alles zurückgelassen hat, um mit ihm zusammen zu sein, es einfach nicht dulden kann, dass sich ein anderer Mensch meinen Ehemann nimmt. Ich bereue nichts.

Mit freundlichen Grüßen
Marvin Jenkins, geb. Sonntag

Fahid erinnerte sich, wie er Herrn Jenkins einmal in der Vollzugsanstalt besucht hatte. Der Mann war hübsch, etwas feminin in seiner Körpersprache, aber kein Mann, der einen anderen körperlich verletzen würde. So war der erste Eindruck. Doch Fahid hatte Herrn Jenkins näher betrachtet und festgestellt, dass die Augen leblos waren und dieser junge Mann seelisch zerbrochen sein musste. Ein Kurzschluss musste es gewesen sein. Aber was verband diesen Mann mit Dr. Tran, fragte sich Fahid und hörte Herrn Jenkins zu. Er erzählte Fahid, dass er und sein Ehemann hatten öfter gestritten nach dem Hauskauf. Sein Ehemann hat eine führende Stelle bei der Deutschen Bank angenommen, und er war immer noch Verkäufer in einem Möbelhaus. Dann hatten sie eine Einweihungsfeier, zu der viele Freunde gekommen waren. Auch Dr. Tran und seine anderen Freunde, die Herren Bernstein, Frau Steifer und Herr Inmahol mit dessen Partner Herr Lukas, der Sohn seines ehemaligen Chefs und Mentors, der zum Jahreswechsel die Kanzlei verließ. Auf dieser Einweihungsfeier waren auch andere Leute, die Herr Marvin Jenkins nicht gut kannte. Aber es war eine Feier, und einige dieser Leute hatte Herr Marvin Jenkins auch auf seiner Hochzeit gesehen. Ob er diesen Brasilianer auf der Hochzeit gesehen hatte oder erst auf der Einweihungsfeier des gemeinsamen Hauses, konnte sich Herr Jenkins nicht mehr ins Gedächtnis zurückrufen.

Sodann erzählte ihm Herr Jenkins, dass es nach seiner Hochzeit mit Walter Jenkins nicht wieder wie früher war. Walter hatte angefangen, sich zurückzuziehen. Auf der Bank hatte der Ehemann angeblich immer wieder Überstunden geschoben und war dann meistens spät abends nach Hause gekommen. Meistens zu Zeiten, zu denen er selbst bereits im Bett lag und schlief. Manchmal hörte Herr Jenkins auch, wie sein Ehemann ausgiebig und lebhaft mit jemandem telefonierte. Sein Ehemann begann auch, Spanisch zu lernen und telefonierte manchmal auf Spanisch mit der anderen Person nachts. Diese Informationen haben Fahid allerdings nicht in Sachen Dr. Tran weitergeholfen. Dann wollte Herr Jenkins erzählen, wieso er inhaftiert wurde. Er begann mit: „Dann hatte ich eine lange Schicht gehabt, und Walter wusste davon. Mir wurde von einem Arbeitskollegen gesagt, dass ich früher nach Hause solle, deshalb bin ich auch früher nach Hause gefahren. Als ich die Tür aufmachte, war es ein ganz komisches Gefühl. Ich hörte, wie jemand im Schlafzimmer stöhnte, und bin dann durch die Küche dorthin gegangen. Dass ich ein Messer in die Hand genommen haben soll, weiß ich nicht mehr." Der junge Mann brach das Gespräch ab und ließ sich zurück ins Gefängnis bringen. Fahid stand wieder in einer Sackgasse. Aber er war sich sicher, dass einer der anderen Personen, die Herr Jenkins als auch Herr Bernstein erwähnt hatten, Informationen für ihn hatten. Da kam der Detektiv im Anwalt hoch, und Fahid war Feuer und Flamme und voller Tatendrang. Ein weiteres Gespräch mit Herrn Jenkins fand nie statt. Er ließ sich nach Berlin verlegen und wurde freigesprochen. Zu diesem Zeitpunkt hin verlor Fahid jeglichen Kontakt zu seinem Mandanten Herrn Dr. Tran. Den Beschluss hierzu hatte Fahid einige Wochen nach dem Gespräch in der Strafvollzugsanstalt Frankfurt von der Staatsanwaltschaft erhalten. Somit war Herr Marvin Jenkins außer Reichweite gekommen. Fahid blätterte in seiner dicken Akte weiter. *Antrag auf Akteneinsicht abgelehnt. Keine Vertretungsvollmacht. Abgelehnt, weil Akte versandt. Antrag abgelehnt, weil kein Nachweis der Notwendigkeit. Akteneinsicht gewährt,* las er in seiner dicken alten ersten Akte und blätterte sodann in der elektronischen Akte. Dort war die Ermittlungsakte der Staatsanwaltschaft zu finden.

Heute weiß Fahid, dass es sich um ein befreundetes Paar von Dr. Tran gehandelt hatte. Deshalb war Dr. Tran für die Polizei so interessant geworden. Er wäre der Schlüssel zu allen Antworten gewesen, wie Martin ihm mal insgeheim im Bett erzählte. Fahid konnte Kontakt zu Herrn Bernstein aufbauen und einen Besprechungstermin vereinbaren. Der große, muskulöse blonde Mann mit dem Dreitagebart und den blauen Augen, der Thor ähnelte, war beim Gespräch aber wenig hilfreich. Er erzählte Fahid, dass er lediglich mitbekommen habe, wie sein Freund, der Ire, diesen Brasilianer heimlich getroffen hatte und dessen Ehepartner davon Wind bekam. Dann hatte er auch nur erfahren, dass einer der beiden mit einem Küchenmesser angegriffen hatte, und seitdem nie wieder was von beiden gehört. Keine Information, mit denen Fahid Dr. Tran finden könnte. Aber wenigstens gab es jemanden, den Dr. Tran kontaktieren würde, würde er gefunden werden wollen. Damit verabschiedete Fahid den Hotelmanager und bat um umgehende Kontaktaufnahme, sollte er Neuigkeiten diesbezüglich haben. Fahid trat auf der Stelle. Er legte die Akte zur Seite und ging auf die geplante Weihnachtsfeier, da Frau Frohsinn am Empfang seit einer halben Stunde schon auf ihn wartete. Fahid erinnerte sich, wie lustig die Weihnachtsfeier gewesen war und dass er oben-ohne auf dem Tisch getanzt hatte. Die Bilder dazu wollte er gar nicht erst wiedersehen.

KAPITEL 11
Final

Nach dem Jahreswechsel auf 2019 hatte Fahid die Akte 811/17 als Erstes wieder auf dem Tisch gehabt. Er erinnerte sich zurück, wie schön sein erster Urlaub mit Martin gewesen war, und berührte die heute dick gewordene Akte an dieser Stelle, wo der Brief von Herrn Marvin Jenkins seinem Gesicht damals jegliche Farbe entzogen hatte. Fahid öffnete den Umschlag erneut und atmete tief aus. Nachdem er den Brief zum vielleicht hundertsten Mal gelesen hatte, faltete er ihn wieder zurecht und legte ihn zurück in seine Akte.

Er erinnerte sich zurück. Es war bereits März 2019 und von Dr. Tran gab es keine Spur. „Herr Anwalt. Fassen Sie sich bitte kurz, ich habe einen vollen Terminkalender und muss in zwei Stunden zum Flughafen.", sagte Rahmit in einem freundlichen, jedoch sehr bestimmenden Ton und schnippte mit den Fingern. „Gerne, Herr?" – „Inmahol – ausgesprochen ‚in my hole'!" – „Wirklich?" Fahid konnte sich ein freches Grinsen nicht verkneifen, ließ aber weitere Kommentare aus. „Herr Inmahol. Sie wissen bestimmt, weswegen ich hier bin?" – „Kein bisschen.", schnippte Rahmit und schaute Fahid mit seinen großen braunen Augen fragend an. „Ich wollte Sie fragen, was Sie über den Jenkins-Fall wissen und ob Sie noch Kontakt zu Herrn Dr. Hoang Tran pflegen." – „Sind Sie verrückt?", fragte Rahmit äußerst überrascht und hielt sich die Hand vor den Mund. Seine Augen tränten und er nahm einen Schluck Tee. In dem Geschäft, in dem sie saßen, waren im Geschäftsraum einige Kunden, die von einer füllligen Frau bedient wurden. Es war ein schöner Schmuckladen, und Fahid dachte darüber nach, sich hier noch einmal nach einem Geschenk umzuschauen. „Herr Anwalt. In dem Fall Jenkins habe ich bereits alles gesagt, was man wissen muss. Steht alles in der Akte. Zu Dr. Tran kann ich Ihnen nichts sagen, nur, dass er mein Freund ist und ich nicht weiß, wo er ist." Mehr war leider nicht aus dem jungen Inder herauszubekommen.

Der Rest des Gesprächs war für Fahid eher belanglos. Rahmit machte dem Rechtsanwalt ein paar Mal scherzhaft schöne Augen und flirtete mit Fahid. Was der Anwalt damals nicht bemerkte, weiß er heute viel besser, denn zu flirten war noch nie Fahids Stärke. Rahmit übergab Fahid eine DVD. „Das ist noch nicht lange her. Da habe ich Hoang das letzte Mal gesehen, bevor er weggefahren ist.", sagte Rahmit und entschuldigte sich. Fahid nahm die DVD aus der Akte, legte diese ein und spielte sie ab. Es war einer der ersten Auftritte von Rahmit als MyholyJewel in einer kleinen Bar in Frankfurt. Der Kameramann filmte aus der Abstellkammer, die kurzerhand zur Umkleidekammer umfunktioniert worden war. Rahmit schminkte sich zu MyholyJewel. Im Hintergrund entdeckte Fahid, dass Marvin Jenkins gerade die Perücke mit Haarspray hochtoupierte. Eine etwas korpulentere Frau brachte Rahmit ein Glas Champagner. Fahid sah das Video zum zweiten oder dritten Mal. Er fand es eher langweilig, auch die Vorbereitungen der Show ansehen zu müssen. Aber diesmal schaute er genauer hin. Mit einem Programm ließ Fahid auch die unscharfen Hintergründe schärfen. Im Spiegel war für einen kurzen Moment Dr. Tran zu sehen, wie dieser mit Herrn Bernstein scherzte und dann den Raum verließ. Dies war die einzige Szene, in der Fahid Dr. Tran im Video entdeckte. Die 2 stündige Bühnenshow ließ er im Schnelldurchlauf mit Suchfunktion weiterlaufen und widmete sich wieder seiner Akte. Er war fast in der Mitte angekommen. Er zog einen Umschlag aus einer Klarsichtfolie und öffnete den 7 Jahre alten Brief. Es war ein Brief von Walter Jenkins.

> Sehr geehrter Herr Rechtsanwalt,
> ich danke Ihnen für die fürsorglichen Genesungswünsche. Derzeit fühle ich mich nicht in der Lage, Kontakt zu jegli-

chen Personen aus meinem bisher gewohnten Umkreis zu pflegen. Um Ihre Fragen beantworten zu können, müssen Sie mir Zeit lassen. Wie Ihnen bekannt ist, befinde ich mich sicher abgeschirmt vor der Außenwelt und muss genesen. Was mich aber verwundert, ist, aus welchem Grund Sie auf der Suche nach Dr. Tran sind. Ich würde Ihnen nahelegen, sich mit der Verwandtschaft und vor allem mit Herrn Wasserstein, oder wie er jetzt heißt, in Verbindung zu setzen. Sollten diese Ihnen nicht helfen können, so kann ich nur sagen, dass Herr Dr. Tran entweder tot ist oder nicht gefunden werden will.

Mit freundlichen Grüßen
Walter Jenkins

Fahid las den Brief und empfand ihn einerseits warm und wiederrum sehr kalt. Er wusste nur aus der Ermittlungsakte, was geschehen sein könnte. Aber er wusste nicht, was wirklich geschehen war in dieser Nacht. Fahid legte den Brief zurück in den Umschlag und in die Klarsichtfolie und heftete diese wieder ab. Danach schaute er sich eine Telefonnotiz an, die er kaum lesen konnte, obwohl es seine eigene Schrift war. *Telefonat mit Herrn Bernstein. Teilt mit, dass Dr. Tran im Urlaub ist. Urlaub bis Mai. Dr. Tran wird sich melden. 12.04.2019.* Fahid wollte sich an die genaue Wortwahl von Herrn Bernstein erinnern und vor allem daran, welche Gefühle Herr Bernstein bei diesem Telefonat vermittelte. Seit einigen Jahren hatte er es sich angewöhnt, Telefonate direkt zur Akte zu diktieren, um jedes Detail später wieder vor Gesicht halten zu können. Dieses Telefonat gehörte jedoch nicht dazu, deshalb musste er zurückdenken. Fahid lief an diesem Freitag in seinem Büro auf und ab. Er wählte immer wieder die Nummer von Dr. Tran und Herrn Bernstein abwechselnd. Irgendwann hatte er Erfolg, und Herr Bernstein war am Hörer.
Ruben: „Bernstein."

Fahid: „Rechtsanwalt Dogan. Guten Tag, Herr Bernstein. Haben Sie einen Moment Zeit für mich?"

Ruben: „Ungern. Aber schießen Sie los."

Fahid: „Es geht wieder um Dr. Tran. Haben Sie Kontakt zu ihm aufnehmen können?"

Ruben: „Dr. Tran? Sind Sie verrückt? Was wollen Sie eigentlich von ihm? Reicht es Ihnen denn nicht, dass Sie die Erbschaft auseinandergesetzt haben und ein Vermögen daran verdient haben?"

Fahid: „Tut mir leid. Es geht nicht um die Erbschaft, sondern um den Fall Jenkins."

Ruben: „Herr Dogan. Tut mir leid, dass ich jetzt laut geworden bin. Aber ich kann Ihnen nur sagen, dass Dr. Tran in Urlaub ist und sich bei Ihnen melden wird."

Fahid: „Sie können mir nicht sagen, wann er aus dem Urlaub zurückkehren wird? Es ist sehr wichtig, dass ich mit Herrn Dr. Tran noch mal spreche."

Ruben: „Dr. Tran kommt im Mai zurück. Er wird sich bei Ihnen melden. Ich muss jetzt weiter. Einen schönen Tag noch, Herr Dogan."

Dann legte Herr Bernstein auf und blockierte Fahids Nummern, sodass er für den Rechtsanwalt nicht mehr erreichbar war. Dies war auch der letzte Kontakt, den Fahid zu dem muskelbepackten Thor hatte. Kurz vor Mai erfuhr Fahid, als er wieder im Restaurant beim Hotel essen war, dass Herr Bernstein gekündigt habe. Er versuchte sodann sein Glück bei Dr. Trans Familie, aber keiner von ihnen konnte den Aufenthaltsort seines Klienten mitteilen. Dessen Schwester Minh sagte Fahid sogar, dass er aufhören solle, nach Hoang zu suchen. Viel zu gerne hätte Fahid dies getan, aber sein Unterbewusstsein hielt sich an Dr. Tran fest und forderte ihn immer wieder auf, sein Bestmögliches zu tun, um Dr. Tran sprechen zu können, obwohl er so langsam nicht mehr genau wusste, warum er ihn eigentlich sprechen musste. Neben seinen ganzen anderen Akten fand Fahid dennoch Zeit, um seinem Freund und Liebsten einen Antrag zu machen.

Fahid legte seine erste Akte zur Seite und schaute auf die Uhr. Es war bereits 22:32 Uhr, und eigentlich wollte er früher zu Hause bei seinem Ehemann Martin sein und ihrer kleinen, 5-jährigen Tochter und den Hunden. Aber irgendwas hielt ihn in seiner Kanzlei fest, und er ging in den Flur. Das automatische Licht blendete ihn für einen Moment, und Fahid hielt sich die Hand über die Augen. Dann kratzte er seinen Vollbart und ging ins Besprechungszimmer. In diesem Raum lag der blutverschmierte Operationskittel von Dr. Tran, bevor dieser sich einfach in Luft auflöste und seitdem nicht mehr in Hessen gesehen wurde. Lediglich ein einziger Hinweis war zu dem Zeitpunkt von Herrn Wasserstein, heute Bernstein, ausgegangen. Dies lag wiederrum auch Jahre zurück. Kein kleinstes Detail in dem Besprechungszimmer erinnerte noch an den einen Abend, an dem der kleine Asiate Fahid aufsuchte und damit sein Leben unter dessen Kontrolle brachte. Einzig und allein die Erinnerung blieb zurück. Fahid löschte das Licht und ging aus dem Besprechungszimmer wieder raus. In seinem Schatten spürte er etwas nach ihm greifen. Fahid zuckte zurück und schaute erschrocken ins Besprechungszimmer. Nichts, nur Schatten und ein wenig Licht des Mondscheins. Die Silhouetten der Vorhänge und Dekorationen waren ganz normal. Aber er glaubte, auf einem Stuhl jemanden sitzen zu sehen.

„Ich bin überarbeitet, ich muss nach Hause.", sagte sich Fahid, nachdem er sich die Augen gerieben und einen weiteren Blick ins dunkle und leere Besprechungszimmer geworfen hatte. Tatsächlich war es leer und dunkel, und nur die eine Vase am Fenster hatte im richtigen Blickwinkel einen Schatten geworfen, der dann wie ein Oberkörper aussah. Schnell hatte sich auch Fahids Puls wieder beruhigt. Er ging in sein Büro zurück und schaute auf seine erste Akte. Diese lag in der Mitte geöffnet auf seinem Schreibtisch, und er schaute drauf. *„Auf dieser Seite war ich eben aber noch nicht.",* sagte er sich selbst und berührte den Polizeibericht, den sein Ehemann damals Mitte 2019 zur staatsanwaltlichen Akte gereicht hatte. Er erinnerte

sich, dass er drei Wochen vor dem Bericht mit Sophie gesprochen hatte. Es war bereits Mitte Mai gewesen. Die angekündigte Rückkehr aus dem Urlaub blieb aus. Bei Nachfrage im Krankenhaus hat man keinen Dr. Tran gekannt. Erst nach einigen Umleitungen wurde Fahid mitgeteilt, dass Herr Dr. Tran nicht mehr dort arbeite und man sich doch im Internet nach ihm erkundigen möchte. Gesagt, getan, das Internet hatte keine Neuigkeiten ausgespuckt und im St. Hubertus wurde Herr Dr. Tran weiterhin als leitender Facharzt für Onkologie, Spezialgebiet Lungenkrebs, aufgeführt. Er führte sich das Gespräch mit Frau Sophie Steifer wieder vor Augen.

Sophie: „Sie sind aber ein hübscher Rechtsanwalt."

Fahid: „Vielen Dank. Ich habe einen Partner. Frau Steifer, ich wollte mit Ihnen über Herrn Dr. Tran und den Jenkins-Fall sprechen."

Sophie: „Nein, wie entzückend. Jung, hübsch, schwul und Anwalt. Spaß beiseite, Herr Dogan. Lassen Sie mich bitte mit diesen Themen in Frieden."

Fahid: „Können Sie mir nicht irgendwie einen Hinweis darauf geben, was letztes Jahr passiert ist?"

Sophie: „Hoang hat meine Mutter operiert, und sie ist gestorben. Das ist passiert."

Fahid: „Haben Sie deshalb keinen Kontakt mehr zu Dr. Tran?"

Sophie: „Sind Sie verrückt? Ich bin Hoang dankbar dafür, dass er alles versucht hat, was er konnte. Aber bezüglich des Jenkins-Falles kann ich keine Angaben machen."

Fahid: „Also können Sie mir sagen, ob Sie noch Kontakt haben und wo Dr. Tran sich derzeit befindet?"

Sophie: „Nein. Das kann ich nicht. Ich kann Ihnen sagen, was an diesem Abend passiert ist, als Hoang bei Ihnen in der Kanzlei war."

Fahid: „Ich bitte darum."

Sophie: „An dem Abend hat Hoang meine Mutter operiert. Es gab Komplikationen, und er bekam einen Anruf, durch den er erfuhr, dass Walter ins Krankenhaus eingeliefert worden war. Ich habe einen ähnlichen Anruf erhalten. Bei mir rief Marvin an, der mir gesagt hat, dass er was ganz Schlimmes angestellt habe und

Walter ins Krankenhaus verbracht wurde. Das war aber auch das Letzte, was ich von den Jenkins weiß. Nach dem Anruf bei Hoang im OP konnte er sich nicht auf meine Mutter konzentrieren und hat die Leitung der Operation einen anderen Oberarzt übertragen. Dann war Hoang zu Ihnen in die Kanzlei gegangen. Das ist alles, was ich weiß von diesem Abend."
Fahid: „Danke, Frau Steifer."
Fahid wollte sich erinnern, was er zu dem Zeitpunkt gedacht hatte, konnte es aber nicht genau. Es war bereits Mitternacht. Die Gedanken zusammenzutragen war zu dieser späten Stunde fast unmöglich. Er fürchtete, Einzelheiten durcheinanderzuwerfen, und klappte die Akte zusammen. Ein Stift sollte ihm markieren, wo er in der Akte zuletzt gelesen hatte. Dann nahm er seinen Mantel und verließ sein Büro. Er vergaß augenblicklich seine Arbeit und freute sich auf seine Familie, als er die Bürotür abschloss und vor dem Aufzug wartete. In seinem Augenwinkel sah er einen Schatten in der Ecke stehen und drehte sich neugierig in die Richtung. Eine Flurpflanze warf einen Schatten, der aussah, als würde eine 1,60 m große Person in der Ecke stehen. Fahid wurde kurz kalt und beruhigte sich danach wieder, als die Aufzugtür aufging und er seiner Familie immer näherkam. Er stand im Aufzug und schaute kurz auf sein Telefon. Ein verpasster Anruf, kurz nach Mitternacht, eine Nummer, die nicht gespeichert war. Fahid rief zurück. „Diese Nummer ist nicht vergeben, bitte rufen Sie die Auskunft an.", sagte die nette Stimme, die schon seit mindestens zehn Jahren die gleiche Ansage machte.

Fahid heiratete Martin und bezog mit ihm ein schönes Haus am Stadtrand von Frankfurt am Main, Richtung Hanau. Ein Jahr später kam Familienzuwachs zur Familie Dogan. Jeden Morgen, wenn Fahid seine Augen öffnete, sah er entweder seinen geliebten Ehemann Martin noch schnorren oder in der Krippe seine geliebte Tochter strampeln. Er nahm seine Tochter hoch und wickelte sein Kind. Dann übergab er es seinem Ehemann und ging unter die Dusche. Nachdem das gemeinsame Frühstück beendet war, übergab Fahid seine Tochter der Tagesmutter und fuhr wieder zurück in die Innenstadt, wo er Partner der Kanzlei geworden war. Es war ein absolutes Glück für den heute 38 Jahre alten Anwalt. Im Büro war wie fast jeden Tag bereits seine Assistentin Frau Frohsinn, die ihn freundlich anlächelte und ihm eine Mappe mit Posteingängen übergab, während das Telefon klingelte und sie freundlich abhob. Fahid nahm die Mappe und klemmte diese unter seinen Arm und schloss sein Büro auf. Als er sich in seinen Bürostuhl setzte, kam ihm wieder alles vor Augen. Fahid erinnerte sich.

Es war im September 2019, als er von seinem Partner Martin erfahren hatte, dass man Dr. Tran gefunden hatte. Der asiatische Arzt war abgemagert und spärlich bekleidet in einem Krankenhaus in Koblenz aufgenommen worden. Wie es die Behörden so wollen, war der junge Mann für niemanden zugänglich außer der Staatsanwältin, einer ehemaligen Studienkollegin von Fahid. Diese hatte den dort noch als „unbekannt" aufgenommenen Mann an viele Polizei- und Vermisstenstationen übersandt, und so fand auch Martin den Arzt. An einem terminfreien Tag fuhr Fahid sodann mit Martin und weiteren Polizisten von Frankfurt aus nach Koblenz. Dort erfuhr Fahid, dass Dr. Tran sich an nichts erinnern würde und aufgrund von Dehydrierung, Schlaf- und Nahrungsmangel nicht ansprechbar sei. Das Einzige, was Fahid tun konnte, war, die Familie Tran zu kontaktieren und sich zurück an seinen Schreibtisch zu setzen. Aber das war dem Anwalt nicht genug. Er wollte wissen, was seinem Klienten widerfahren war, er wollte wissen, wie es so weit hätte kommen können. Er grübelte über seinem Schreibtisch, als seine Sekretärin, Frau Frohsinn, an seine Tür klopfte. „Herr Dogan, hier ist ein Herr Jenkins für Sie.", sagte die junge hübsche Frau mit leicht besorgtem Blick. Ihre dunklen langen Haare wehten durch einen Luftzug.

„Herr Jenkins? Walter oder Marvin?", fragte Fahid, obwohl es ihm egal war, welcher Jenkins es sein würde. Hauptsache war, dass es jemand war, der Dr. Tran gut kannte und vielleicht Informationen hatte, die ihm die nötigen Antworten lieferten. Es war Marvin Jenkins, der freigesprochene junge Berliner. Er hatte abgenommen, Muskeln aufgebaut und war dabei, seine Bewährungszeit mit einem beruflichen Neubeginn auszufüllen. Marvin erzählte Fahid, dass nach der Verlegung nach Berlin Dr. Tran dorthin gekommen sei und ihm einen äußerst engagierten Strafverteidiger verschafft habe. Die Anklage wurde fallen gelassen und der Strafantrag aufgehoben. Marvin hatte niemanden körperlich angegriffen, verlor an diesem Tag lediglich die Kontrolle und wurde als Sündenbock von seinem Ex hinter Gitter verschafft. Er erzählte Fahid, dass er, als er ins Schlafzimmer kam und Walter mit Sergio im Bett erwischte, wohl geschrien und etwas nach Walter geworfen habe. Dann verlor Walter die Kontrolle, packte Marvin am Hals t und würgte ihn. Das Einzige, woran sich Marvin tatsächlich noch erinnern konnte, war, dass er gesehen habe, wie Walter in Sergio einstach und danach das Messer auf sich selbst richtete, was Marvin sodann mit halbem Bewusstsein verhindern konnte. Danach wusste er nur noch, dass er im Streifenwagen saß und weggebracht wurde. Ihm wurde immer wieder erzählt, er habe den Brasilianer erstochen und Walter angegriffen, was er im Nachhinein wohl dann auch glaubte. Die Spurensicherung stellte jedoch fest, dass auf dem Messer weniger Fingerabdrücke von Marvin als mehr Hand- und Fingerabdrücke von Walter zu finden waren. Die Richterin in Berlin ließ Marvin auch psychologisch begutachten. Aufgrund des Verkehrsunfalls war Marvin leicht beeinflussbar und labil, sodass er schnell und naiv Glauben schenkte und den Tatvorwurf auch damals sofort annahm.

Aber es war nicht die Strafsache wegen versuchten Mordes, weswegen Marvin wieder in Frankfurt war. Er hatte von Dr. Trans Auftauchen gehört und dass dieser im Krankenhaus unter Sicherheitsvorkehrungen liege. „Hoang ist einer meiner besten Freunde. Er war immer für mich da und hat mir geholfen, wenn alle anderen mich verlassen hatten. Deshalb bin ich zurückgekehrt und möchte helfen, dass er wieder zurückkommt.", sagte Marvin Fahid in einem lebendigen Ton, und dessen Augen strahlten. Im Gegensatz zur ersten Begegnung in der Strafvollzugsanstalt sah Marvin selbstbewusst und voller Energie aus. Fahid wusste, dass er dem jungen Berliner die Chance einräumen musste, Dr. Tran zu helfen. „Wissen Sie, Herr Jenkins, ich persönlich habe nicht nur ein wirtschaftliches Interesse daran, dass Herr Dr. Tran wieder auf die Beine kommt. Es ist tatsächlich für mich eine persönliche Angelegenheit.", sagte Fahid, und Marvin lächelte. Dieser Gesichtsausdruck war genau der, den Fahid sich von einem Berliner Lebemann vorgestellt hatte. Fröhlich, optimistisch und freundlich. Während Marvin im Wartezimmer wartete, telefonierte Fahid mit der Staatsanwältin, die den Fall Dr. Tran betreute, und vereinbarte einen Besprechungstermin. Einen Besuchstermin hatte Fahid erst bekommen, nachdem er sagte, dass Marvin aus Berlin gekommen sei und dieser helfen könnte. Am kommenden Dienstag fuhr Fahid nach Koblenz. Marvin war bereits einige Tage dort untergekommen und besuchte Hoang regelmäßig im Krankenhaus.

„Er schläft die meiste Zeit. Er sieht so erschöpft aus.", sagte Marvin, als Fahid ankam und ihn im Wartezimmer antraf. „Haben Sie mit ihm sprechen können?", fragte Fahid und Marvin schüttelte den Kopf. „Ruben und Oliver waren gestern da. Aber er hat Ruben nicht erkannt. Sophie kommt heute Nachmittag.", antwortete Marvin traurig. Er erzählte Fahid, dass die Ärzte Dr. Tran weitere andere Medikamente verabreichen mussten, nachdem sie mit Ruben gesprochen hatten. Welche Medikamente es waren, wusste er nicht, aber die waren riesig. „Ach, der hübsche Rechtsanwalt ist auch da?", hörten Marvin und Fahid eine leicht kratzende Frauenstimme hinter sich sagen und drehten sich zu Sophie um. Die große füllige Transgenderfrau hatte einen langen weiten Mantel an und ihre langen dunklen Haare hochtoupiert. Als die drei das Krankenzimmer betraten, saß dort eine ältere asiatische Frau und weinte in den Armen eines älteren Mannes. Die Frau stand auf, ragte Fahid gerade mal zur Brust und schaute ihn traurig an. „Mein Sohn erkennt mich nicht. Finden Sie heraus, was passiert ist.", sagte Frau Tran und setzte sich wieder neben Hoangs Vater auf den Besucherstuhl. Fahid warf einen Blick auf den schlafenden Dr. Tran und nickte der Frau zu. „Ich gebe mein Bestes.", sagte der junge Rechtsanwalt und verließ das Krankenzimmer. Er sah im Flur bereits die Staatsanwältin, die mit einem dicken Aktenkoffer auf ihn zukam. „Fahid!", rief sie erfreut und umarmte den bärigen jungen Mann freundschaftlich. „Schön, dich zu sehen, Alina."

Fahid und Alina nahmen in einem leeren Krankenzimmer Platz und öffneten ihren Aktenkoffer. Die Staatsanwältin nahm eine dicke Akte heraus und flüsterte Fahid zu, dass das, was da drinstand, äußerst interessant sei – vor allem für Fachanwälte im Strafrecht. Fahid überflog schnell die einzelnen Polizeiberichte der Akte und blätterte auch die Bilder schnell zur Seite, da ihm an diesem Tag Blut und Menschenteile wohl doch ein wenig zuwider waren. Aber beim Überfliegen fand er nichts, was etwas mit Dr. Trans Zustand gemein haben könnte, und er schaute Alina fragend an. „Dr. Tran, wie hilft mir das mit ihm weiter?" – „Ganz einfach. Schau dir die Lumpen an, die die Opfer tragen. Die gleiche Kleidung, in der dein Dr. Tran gefunden wurde. Forensische Untersuchungen ergaben, dass dein Dr. Tran dort gewesen sein muss und es irgendwie geschafft hat, zu entkommen. Ich weiß nur nicht wie, und brauche alles, um dorthin zurückkommen zu können.", erklärte ihm Alina und jetzt fiel Fahid auf, dass sie recht hatte. In ihrem Koffer war ein verdrecktes Kleidungsstück. „Alle Opfer, die du in der Akte findest, sind in der Koblenzer Gegend gefunden worden. Aber alle in verschiedenen Stadien und an ganz verschiedenen Ortschaften, die nichts miteinander gemein haben. Ich bin da was auf der Spur.", sagte Alina begeistert und nahm ihm die Akte weg, um nach etwas Wichtigem zu blättern. „Hier! Das ist überall dabei gewesen." Sie zeigte Fahid eine Klarsichtmappe mit eingeschweißten halben Ahornblättern. Die Blätter waren alle gleich und diagonal zerschnitten worden. „So ein Blatt klebte auf jedem der Opfer auf dem Körper, und zwar tatsächlich. Es wurde mit Sekundenkleber auf die Haut draufgeklebt." Sie unterhielten sich noch ein wenig weiter über die Sache, bevor Marvin an die Tür klopfte und Alina die Unterlagen wegpacken musste.

Nach einem weiteren Besuch im Krankenzimmer verabschiedete sich Fahid und fuhr wieder zurück nach Frankfurt. Er war erleichtert, dass Dr. Tran lebte, und auch gleichzeitig traurig, dass er nicht mit dem jungen Arzt sprechen konnte. Aber Fahid war sich auch sicher, dass er sich auf Alina verlassen konnte. In Frankfurt angekommen hielt er den Tag auf Band fest und ließ die Akte zur Seite legen. In seinem Abschlussbericht schrieb Fahid, dass die Akte zwecks Abrechnung auf Wiedervorlage in zwei Monaten gelegt werden sollte. Heute, 2026, war die Akte längst staubig und für das Archiv fällig. Aber Fahid wollte sie nicht unbedingt – wie jede andere Akte seiner Kanzlei – gehen lassen. Es war schließlich seine erste eigene Akte. Sein erster eigener Fall – und für ihn von großer Bedeutung. Er schlug die Akte 811 aus 17 wieder auf – an der Stelle, wo er Dr. Tran das letzte Mal bei sich in der Kanzlei hatte. Auf dem Aktenvermerk stand das Datum 17.01.2020. Es war ein Freitag, ein Tag, den er lieber mit seinem Ehemann verbracht haben wollte. Aber an dem Tag war Dr. Tran für ihn wichtig. Dr. Tran war nach einer Notoperation erst einmal in einer Reha. Danach ließ er sich den Arzttitel aberkennen und wollte ein neues Leben anfangen. Der damals 33 Jahre junge Asiate hatte sich nicht wieder in die Medizin zurückfinden wollen. Er verkaufte sein Haus und zog nach Hamburg. Ende Januar war es so weit, dass er den Schritt machte und Hessen dann verließ. An diesem Tag bedankte sich Dr. Tran für die Anstrengungen und Arbeiten, die Fahid geleistet hatte und zahlte auf das übliche Honorar noch weitere 5.000,00 EUR. Er erzählte Fahid, an was er sich erinnern konnte, dass er nach dem Vorfall der Jenkins erst einmal nur eine Auszeit gesucht hatte, um den Schock einer solchen Untat zu verarbeiten. Er war eine Zeit lang bei seinen

Eltern, fuhr dann zu Ruben und Oliver, besuchte Sophie und dann Rahmit. Als er erfuhr, dass Marvin sich nach Berlin hatte verlegen lassen, scheute er keinen Augenblick, ihm zu folgen und ihm zu helfen. Nachdem Marvin freigesprochen worden war, fuhr er einige Tage später mit seinem Auto zurück und hielt auf einem Parkplatz bei Köln an. Ab dem Moment, als er aus dem Auto ausstieg, waren die Erinnerungen verschwommen, und er konnte sie nur mit größter Mühe und Hilfe von Profis zurückerlangen.

Hoang erzählte Fahid, was ihm wohl widerfahren war, auch, wenn diese Erinnerungen kaum aufrufbar waren und Hoang sich selbst nicht in diesen Erlebnissen wiederfinden konnte. Wie er es geschafft hatte, sich zu befreien, wusste Hoang nicht mehr, jedoch war er froh, dass er seine Familie endlich wiedererkannte und auch einige seiner engsten Freunde wieder sein nennen konnte. Im Großen und Ganzen war Hoang ein glücklicher Single, der sein Leben neu ordnen wollte und ein neues Leben mit neuen Zielen in Hamburg anstrebte. Mit einem netten Händeschütteln verließ Dr. Tran Fahids Kanzlei. Das war vorerst das letzte Mal, dass Fahid den jungen Asiaten gesehen und von ihm gehört hatte. Aber das war gar nicht schlimm, denn Fahid wusste, dass es ihm gut gehen musste. Einige Seiten weiter in der Akte war ein Aktenvermerk, welchen er von Frau Frohsinn unter „**Finale**" hatte abspeichern lassen. Fahid nahm den Vermerk aus der dicken Akte und las ihn sich mit teilweiser melancholischer Laune durch:

> Bitte Akte abschließen. Aktueller Stand 05.02.2020
> Herr Dr. Tran ist nach Hamburg gezogen und hat ein neues Leben ohne Medizin angefangen. Frau Sophie Lara Steifer hat ein Geschäft in Wiesbaden eröffnet und verkauft Herrn Rahmit Inmahols Schmuck neben dem Verkauf von Liebesspielzeug. Herr Rahmit Inmahol führt weiterhin sein Geschäft in Rodgau mit drei neuen Angestellten. Herr Ruben und Herr Oliver Bernstein leben in der Nähe von Köln

und haben ein kleines Sternerestaurant eröffnet. Kein Kontakt zu Herrn Marvin Jenkins. Meines Wissens nach befindet er sich wieder in Berlin. Akte kann archiviert werden. Bitte Wiedervorlage Sommer 2020.

Das war über sechs Jahre her. Die Akte wurde einfach im Kanzleialltag vergessen, war aber nie ganz aus dem Sinne von Fahid verschwunden.

Ein Tag später. Fahid schaute aus dem Fenster. Er wählte die Nummer seines Ehemannes und telefonierte ein wenig mit diesem und seiner Tochter. Dann legte er auf und wählte auf seinem Monitor die Videonachrichtenfunktion. Ein kleines schwarzes Bild ging auf, und in seinem Headset hörte er ein Freizeichen. Jemand nahm den Videoanruf an, und Fahid lächelte breit. „Hallo Hoang.", sagte Fahid. Es kam aber erst keine Antwort.
„Hi Fahid."
„Ich weiß, es ist schon lange her, dass ich mich gemeldet habe. Aber ich habe dich nicht vergessen. Ich hatte deine Akte auf dem Tisch. Die Erinnerungen waren enorm."
„Wenigstens hast du welche.", lachte Hoang am anderen Ende.
„Frau Frohsinn hat auch so oft reingeschaut und sich bestimmt gefragt, was los ist. Naja. Ich schätze, dass werden sie alle nie wissen."
„Ich bin gerade etwas beschäftigt."
„Wo treibst du dich denn rum? Der Ausblick ist erstaunlich."
„Auf dem Friedhof bin ich."
„Störe ich dich?"
„Nein, aber ich melde mich bald bei dir und Martin und der Kleinen."
„In Ordnung. Bis bald."
sagte Fahid und schaute auf den Monitor. Die Kamera zeigte einen Grabstein. Dann legte Fahid auf. Er schloss die Akte, schrieb einen Klebezettel und legte die Akte seiner Assistentin auf ihren Tisch.

Bitte Akte archivieren – danach in Karton zu mir. FD

Fahid stieg dann in sein Auto ein und ließ den Motor laufen. Im Borddisplay war das Foto seiner ganzen Familie, der Mütter seiner Kinder, Zwillingen. Der Junge lebte bei seinen Müttern und die Tochter bei ihm und Martin. Er schaute aus dem Fenster und lächelte sein eigenes Spiegelbild an. Sein Bart wurde ein wenig grau, aber das machte nichts. Er fand es recht attraktiv. In seinen Gedanken stellte er sich vor, wie er Dr. Tran glücklich auf einer Parkbank sitzen sah und dieser ihm zuwinkte. Mit einem Lächeln fuhr Fahid los und verließ die Tiefgarage in Richtung Heimat. Endlich nach Hause.

ENDE

Charaktere　　　　　Persönliche Daten

Dr. Hoang Tran　　　　geboren am 12.03.1987 in Frankfurt am Main
　　　　　　　　　　　Facharzt und Oberarzt Onkologie in Frankfurt

Marvin Jenkins　　　　geboren am 31.10.1990 in Berlin, geb. Sonntag
　　　　　　　　　　　Fachverkäufer in einem bekannten Möbelhaus
　　　　　　　　　　　verheiratet mit Walter Jenkins

Ruben Bernstein　　　 geboren am 29.05.1990 in Offenbach am Main,
　　　　　　　　　　　geb. Wasserstein
　　　　　　　　　　　Fachmann für Hotel- und Gastgewerbe, Restaurantbesitzer
　　　　　　　　　　　verheiratet mit Oliver Bernstein

Oliver Bernstein　　　 geboren am 03.12.1984 in Bonn
　　　　　　　　　　　Motorradgangführer, Weinberg- und Restaurantbesitzer
　　　　　　　　　　　verheiratet mit Ruben Bernstein

Rahmit Inmahol　　　 geboren am 24.08.1991 in Neu-Delhi, Indien
　　　　　　　　　　　Goldschmied, Einzelhandelskaufmann

Sophie Lara Steifer	geboren am 08.01.1986 in Rodgau, geb. als David Lars Buchhalterin bei Rahmit's Treasures in Wiesbaden verheiratet mit Bruno Steifer
Walter Jenkins	geboren am 05.08.1987 in Offenbach am Main, Finanzberater, verheiratet mit Marvin Jenkins
Fahid Dogan	geboren am 20.05.1989 in Syrien Rechtsanwalt/Fachanwalt für Erbrecht in FFM verheiratet mit Martin Leonard, 2 Kinder
Martin Leonard	geboren am 10.01.1986 in Frankfurt am Main Kriminalpolizist Landespolizeipräsidium Frankfurt am Main verheiratet mit Fahid Dogan, 2 Kinder
Bruno Steifer	geboren am 30.08.1978 in Wiesbaden selbstständiger Elektriker verheiratet mit Sophie Lara Steifer

Bewerten
Sie dieses Buch
auf unserer
Homepage!

www.novumverlag.com

Der Autor

Joshua Luvsya wurde 1981 in Saarlouis geboren. Nach der Ausbildung als Restaurantfachmann war er lange Jahre in der Branche in leitender Position beschäftigt. Heute ist er als angestellter Jurist in einer Kanzlei tätig.

Herr Luvsya mag Sport, Essen, Feiern, Tanzen und das Zusammensein mit seinen Freunden. Analytisches Denkvermögen, Empathiefähigkeit sowie Wortgewandtheit zählt er zu seinen besonderen Fähigkeiten – allesamt Talente, die ihm auch beim Schreiben zugutekommen.

Er verfolgt das Ziel, Schubladendenken aus dem Weg zu räumen, mehr Toleranz und Akzeptanz in die Welt zu bringen. Stets hat er für jeden ein Lächeln parat und wird für seine direkte Art geschätzt.

Als Schriftsteller ist der in Saarbrücken lebende Joshua Luvsya ein Neuling, „811 aus 17" ist seine erste Veröffentlichung.

Der Verlag

> *Wer aufhört
> besser zu werden,
> hat aufgehört
> gut zu sein!*

Basierend auf diesem Motto ist es dem novum Verlag ein Anliegen neue Manuskripte aufzuspüren, zu veröffentlichen und deren Autoren langfristig zu fördern. Mittlerweile gilt der 1997 gegründete und mehrfach prämierte Verlag als Spezialist für Neuautoren in Deutschland, Österreich und der Schweiz.

Für jedes neue Manuskript wird innerhalb weniger Wochen eine kostenfreie, unverbindliche Lektorats-Prüfung erstellt.

Weitere Informationen zum Verlag und seinen Büchern finden Sie im Internet unter:

www.novumverlag.com